命に国境はない

紛争地イラクで考える戦争と平和

JN206749

高遠 菜穂子

表紙写真：ISに襲われ，避難してきたヤジディ教徒の赤ちゃんを抱く著者(2014年8月，イラク・クルド自治区ドホーク)

岩波ブックレット No. 1002

第1章　暴力の連鎖がイラクに残したもの

ＩＳ支配から解放されたといっても――

二〇一八年、イラク戦争がはじまって一五年を迎えました。私が初めてイラクに入国したのは、ブッシュ米大統領(当時)が大規模戦闘終結宣言を出した二〇〇三年五月一日です。私も、この一五年間、戦争被害者や難民などの支援を行い、イラクに関わり続けてきました。

「イラクが大量破壊兵器を隠し持っている」との理由で、アメリカを主体とした有志連合がイラクに攻撃を開始したのが、二〇〇三年三月二〇日。五月に大規模戦闘終結宣言が出され、以降、アメリカによるイラク占領が続きます。二〇一〇年八月三一日には、当時のオバマ大統領が改めて戦闘終結宣言を出して米軍の撤退を開始しました。二〇一一年一二月一四日には、米軍の撤退が完了したことにより、イラク戦争の終結が正式に宣言されました。しかし、米軍による統治が終わると、今度は二〇一四年ごろから、シリアと国境を接するイラク第二の都市モスルなどが、ＩＳ(Islamic State　イスラム国)に支配されることとなってしまいました(こうした経緯については、後でも詳しく述べます)。

二〇一七年七月、イラク政府は、ＩＳによる支配が続いていた都市モスルなどを奪還し、勝利宣言を出しました。この年は、有志連合やイラク政府によるＩＳ掃討作戦がこれまでで最も長期にわたり激しく行われました。戦闘の巻き添えとなって負傷した人や、亡くなってしまった人、あるいは戦闘から逃れ避難民となった人などが多数あふれ、私が経験した中でも、本当につらい一年でした。

勝利宣言が出されたといっても、イラクに平穏が訪れたわけではありません。砂漠地帯などには、まだＩＳの戦闘員が残って抵抗活動を続けており、これに対するイラク政府などの掃討作戦は依然続いています。ヘリを使って空から激しい攻撃がなされたりもしています。

イラク

また町が解放され、避難所で暮らしていた人々が自分たちの町に帰っていくのですが、多くの人々が再び避難所に戻ってきています。なぜなら、ＩＳによる支配やＩＳとイラク政府などとの戦闘によって、町が破壊し尽くされていて、とてもそこで生活を再建できるよ

「モスル奪還作戦」で解放された町に水などの緊急支援物資を届ける（2016 年 11 月）

うな状況になっていないからです。

しかも、破壊された自分の家の瓦礫《がれき》を片づけようとすると、そこに遺体が埋まっていたりする。

さらには、瓦礫の中に仕掛け爆弾が隠されていて、片づけている最中に、それが爆発をして命を落としてしまうケースもよくあります。たとえば、私が「外科ミッション」（国際医療チームや日本人医師などによる戦争負傷者や先天性欠損症患者の外科手術などを行う）のボランティアでお世話になっていた、大きな公立の病院（ラマディ総合病院）がありましたが、ここも攻撃され、破壊されていました。そもそも、病院が攻撃の対象となること自体が、許されないことです。病院関係者が、その病院内の瓦礫を片づけていたところ、電気のスイッチが仕掛け爆弾の起爆装置になっていて、二人が命を落とす事件もありました。

だから、そう簡単に、解放された町にボランティアが一斉に集まり、瓦礫を撤去して復興しようというわけにはいきません。瓦礫を片づけるにしても、金属探知機で爆弾などがないかを念入りに調べる必要があります。そうすると、当然、お金も時間もかかってしまいます。

こうして元の町に帰ってはみたものの、結局、生活できずにまた避難所生活を送らざるを得ない人たちがたくさんいます。

イラクでは、夏は気温が五〇度を超える時期が数カ月も続きます。逆に、冬は雨季でとても寒く、砂漠はぬかるみ、水たまりには薄氷が張るほど冷え込みます。避難民キャンプでは、テント生活がほとんどです。避難民たちは、ISによる支配が本格化して以降、四年以上、テント生活が続いています。テントでの暮らしを改善しようにも、どうしても限界があります。激しい雨が降れば、テントは雨漏りもするし、また地面もひどいぬかるみとなります。本当に過酷な生活が続いています。こうした状況なので、私たちボランティアのところにも、食糧が足りない、子どもたちに与えるミルクが足りない、といったリクエストが絶えず来ているというのが現実です。

避難民キャンプは冬になると地面はぬかるみ，テントは雨漏りがする（2015 年 10 月末）

未来が見えない

IS支配下では、小学校から大学まで、ISの思想教育や軍事訓練が行われていました。ISの学校に行かない子どもたちは三年間ずっと家に引きこもっていて、みんな留年をしているような状況だったので、解放された町では、早く勉強をはじめて、留年した分を取り戻したいという意欲を持っています。でも、学校もやはり戦闘の現場となっていて、破壊されてしまっています。教育のために必要なＩＴ機器なども使いものにならない。

本来なら、国連開発計画（ＵＮＤＰ）や国連人間居住計画（ＵＮ‐ＨＡＢＩＴＡＴ）などが人道的な観点から支援をすることになるのですが、そうした組織の場合、視察から着工まで一年以上かかるそうなのです。地元ではそこまで待っていられないので、その学校の卒業生などが市民やＮＰＯなどに呼びかけて寄付金を集め、建物を修復するなどの動きもあります。私も、やる気を持っている人たちのお手伝いがしたいと思い、ＩＴ機器がほしいという要望があったモスル大学に、それらを送る支援を行ったりしました（その後、国連や援助団体による復興もだいぶ進みました）。

こうした状況を目の当たりにして、私自身もイラクの避難民たちと同じように苦しい気持ちを抱いています。私がボランティア活動で長期滞在するために宿泊していた建物や、生活していた町が、空爆で破壊されていたりする。ああ、あそこにはもう戻れないんだ、という悲しみを、私も避難民と同じように抱いています。とても大きな喪失感が、私の中にもあります。

イラクの友人や知人からは、「〇〇さん、覚えているわよね。あの人、空爆で命を落としたの」とか「ＩＳに撃たれて死んだの」といった話を何度も聞かされてきました。イラク政府によるＩＳ掃討作戦の中では、ＩＳに殺された人も、有志連合の空爆によって殺された人もたくさんいます。あるいは、そのどちらによって殺されたのかさえわからない中で、命を落としていくという状況も少なくありませんでした。「一晩中戦闘が続いていて、いったい何が起きているのか理解できなかった。とにかく怖かった」という訴えもたくさん聞いてきました。

戦争と暴力の連鎖が、イラクにもたらした傷跡は依然残されたままです。いや、戦争と暴力そのものが依然続いているといっていいでしょう。イラクがこれから復興に向かうといっても、はたして、避難している人たちが再び平穏な生活に戻れるのはいつになることなのか。先はまだまだ見えません。

「対テロ戦争」が引き起こした「テロ戦争」の連鎖

戦争と暴力の連鎖が、なぜイラクにもたらされたのでしょうか。イラクの人々に恐怖をもたらしたＩＳは、いったいどこから来たのでしょうか。そのことを考えてみたいと思います。

前述のように、二〇〇三年、イラク戦争が勃発します。イラクは、大量破壊兵器を隠し持って、世界に脅威をもたらしている。しかも、二〇〇一年九月一一日に発生したアメリカ同時多発テロを首謀したとされる国際テロ組織「アルカーイダ」を支援している。さらには、イラクのサダム・フセイン大統領は独裁者として、自国民をも恐怖政治で支配している。フセイン大統領の恐怖から、世界を、イラクを解放しよう――。そうしたイメージが、イラク戦争前後に、アメリカのメディアなどを通して世界中に流布されました。

では、イラク戦争によって、世界は、そしてイラクは、恐怖から解放されたのでしょうか。すでに述べたように、そんなことはありませんでした。開戦直後もそうでしたが、特に、二〇一四年以降の状況は最悪でした。数年前に地獄の時期は過ぎ去ったと感じた時がありましたが、二〇一四年以降、一七年までの状況は、「地獄の先に、また地獄が待ち構えていた」という感じです。支援活動も最も忙しく、厳しい時期でした。

イラク戦争は「対テロ戦争」と言われました。テロを推進する危険な国から、世界に平和を取り戻す正義の戦争である、と。以降、「対テロ戦争」という言い方が、頻繁に使われるようになりました。

しかし、イラクは、むしろテロの最大被害国のひとつです。米軍占領下で、イラク新政府の統治下で、さらに、その後のISの台頭によって、多くのイラク人がテロの犠牲となりました。にもかかわらず、イラク人の友人に、よくこんなことを言われます。「私たちは被害者なのに、加害者扱いされる」。あるいは「イラク人は怖い、イスラム教徒は怖い、と言われる」と。このように、イラク人であると言うと、加害者扱いされ、また危険視されてしまうことが、よくあります。イラク戦争とは何だったのか、イラク戦争以降、イラクがどうなっていったのか。そのことが、よく知られていないのです。

否定された「イラク戦争の大義」

イラク戦争の開戦以降、「対テロ戦争」の名のもとに、米軍がテロ掃討作戦を行えば、行うほど、民間人犠牲者は増えていきました。こうした民間人犠牲者の遺族などから、反米武装勢力が生まれていったのです。アルカーイダ系の武装勢力も、こうした反米武装勢力の力を得ることによって勢力を拡大していきました。国境警備が緩くなったイラク戦争後、近隣諸国からアルカーイダを名乗るグループが、米軍との戦闘が激しくなっていたファルージャなどに集まってきたのです。イラク戦争前から、イラクはアルカーイダを支援してきた、だからイラクは「テロ支援国家」だ——。そういう理屈を、当時のブッシュ大統領は強調していました。しかし、実際のところ、イラクのサダム・フセイン大統領とアルカーイダは仲が悪かったというのが真相です。

アメリカも、イギリスも後になって、イラク戦争を検証し、イラクが大量破壊兵器を保有しているという情報が誤りだったとする報告書を出しています。アメリカでは、二〇〇四年から〇八年にかけて上院議会の情報特別委員会がイラク戦争を検証し、イラクの大量破壊兵器保有を否定する結論を出しています。その報告を受けて、戦争を始めた張本人のブッシュ大統領ですら、〇五年一二月に「情報の多くが誤っていたのは結果として事実」と演説しています。

アメリカ国防総省も二〇〇八年三月に、フセイン大統領とアルカーイダの直接的な関係を示す証拠はなかったと結論づけています。

イギリスでも、二〇〇四年にバトラー委員会（元内閣府長官のロビン・バトラー氏を委員長とする調査委員会）が「（イギリスの情報機関の情報に）深刻な欠陥がある」と批判する報告書を発表しています。これを受けて、ブレア首相は「イラク攻撃に踏み切った時点で、旧フセイン政権は配備可能な生物・化学兵器を保有していなかったことが明らかになりつつある。それを認めざるを得ない」と議会で弁明しています（イラク戦争の検証を求めるネットワーク編『イラク戦争を検証するための20の論点』合同出版、二〇一一年）。さらに、二〇一六年七月には、チルコット委員会（元北アイルランド省事務次官のジョン・チルコット氏を委員長とする調査委員会）による最終報告書でも、「平和的な武装解除を検討する前に、イギリス政府が武力侵攻に参加する選択をした」「武力行使は最終的な手段ではなかった」などとして、ブレア首相の対応を誤りだったと断罪しています。

イラクは危険な国だったのか

イラクは、長らく続いた独裁政権のもとで世俗主義を採っていました。サダム・フセイン時代は、政教分離に基づいた社会主義体制で、憲法や法律もヨーロッパ的な法体系を採り入れていました。たとえば、家族に関する法律でも、基本的に個人の婚姻の自由が認められており、シーア派とスンニ派という異なる宗派での婚姻が全体の三、四割もあったといいます。確かに、家族訪問をすると宗派の違う夫妻は多かった。その間に生まれた子どもたちは「宗派を意識したことはない」と言います。なかにはクルド人とアラブ人の夫妻もいて、親戚一同が集まると、多民族異宗派の大家族が出現する。これがイラク社会の特徴だったのです。

イラク攻撃の際に、「テロ支援国家」だと名指しされたサダム政権下のイラクですが、このような国家体制だったので、イスラム原理主義を唱える国際テロ組織アルカーイダと相容れるはずもなかったのです。

しかし、そうしたことはほとんど知られることはありません。「イスラム教＝危険な宗教」という大雑把なイメージだけが広まっていく。実際、イラク開戦前後に流布された「イラクはテロを支援する危険で、恐ろしい独裁国家」という情報は、そうした大雑把で誤ったイメージを利用することで、世界に広まっていったのでしょう。そうした思い込みは、大きな間違いを引き起こすことになります。

サダム独裁政権下においても迫害や弾圧があり、イラク攻撃を正当化する声もありました。しかし、武力を行使しての体制転換はイラクを地獄に変えてしまいました。「サダム憎し」を公言するイラク市民でさえ、「サダム時代の方が良かった」とノスタルジックになってしまうほどすべてが崩壊してしまったのです。近年、イラク戦争開戦に至るまでのブッシュ政権による情報操作の実態が明らかになってきています。緊迫した事態に陥った時こそ、情報は冷静に慎重に見極めなければならない。それこそがイラク戦争の最大の教訓なのだと、改めて肝に銘じておきたいと思います。

米軍によるイラクへの攻撃、そしてその後のイラク統治で、多くの民間人が犠牲となりました。町も破壊しつくされました。それに対抗するように、反米武装勢力がイラクの中で台頭してきて、そこに加担する形でアルカーイダがイラクに入って来たのです。「俺たちが、イラク国民のために戦って、アメリカをイラクから追い出してやる」と宣言し、彼らは地元のイラク人から歓迎を受けます。ところが、蓋《ふた》を開けてみれば、アルカーイダも自爆テロや自動車などに爆弾を仕掛けるなどして、結局は、民間人の犠牲ばかりが増えていくことになりました。

イラクの人たちは、彼らに疑問と不信を抱くようになります。米軍と戦うと言ってイラクに入って来たのに、なぜイラク人ばかりを殺すのか、と。徐々に、彼らが、自分たちイラク人の仲間ではないと気づきはじめ、彼らから離れていくようになりました。

こうして、イラク戦争後、初期の段階で、米軍、イラクで米軍の犠牲となった地元の市民やその遺族、アルカーイダなどの国際テロ組織という三者による三つ巴の戦いが繰り広げられていきました。この三つ巴の戦いが、その後のイラクで続く暴力の連鎖のベースになっています。こうした大きな構図を、まず理解しておくことが大切です。

「これがアメリカのいうデモクラシーなのか」

イラク戦争開戦後の二〇〇三年五月、バグダッド西方六〇キロのファルージャにおいて、米軍に対する市民のデモで死傷者が出ていると聞き、私は現場に向かいました。そこには大勢の人々が集まっており、人だかりの向こうにある建物の屋上に土嚢《どのう》と米兵たちの姿が見えました。建物を占拠し狙撃拠点としていることに腹を立てた住民が抗議していたのです。英語で書かれた横断幕には「アメリカの殺し屋たちよ、必ず追い出してやる」と書かれてありました。

ファルージャ総合病院に向かうと、入り口には血のついた横断幕が掲げられていました。デモの途中で米兵に撃たれた参加者たちが持っていたものです。病室には、腹を撃たれたり、腕や足を撃たれて切断した人などと、そしてその家族たちがいました。

「そもそも、何がきっかけでデモが起きたのですか?」と訊ねてみました。彼らが言うには、バグダッドからやって来た米軍が地元の小学校を占拠して、そこを狙撃拠点としてしまった。地元の人たちが二〇〇人ぐらい集まり、「子どもたちが勉強できないから、小学校を返せ」とデモ行進を始めたところ、いきなり米軍が銃撃してきたというのです。二〇人ぐらいが亡くなり、ケガをした人もたくさん出たとのこと。

「これがアメリカのいうデモクラシーなのか！」。身内や仲間が犠牲になった人たちは、病院にやって来て、口々にそう泣き叫んでいました。

その後も、こうしたことが何度となく起き、米軍に攻撃された遺族などの中から反米武装勢力が生まれ、それが組織されていったのです。

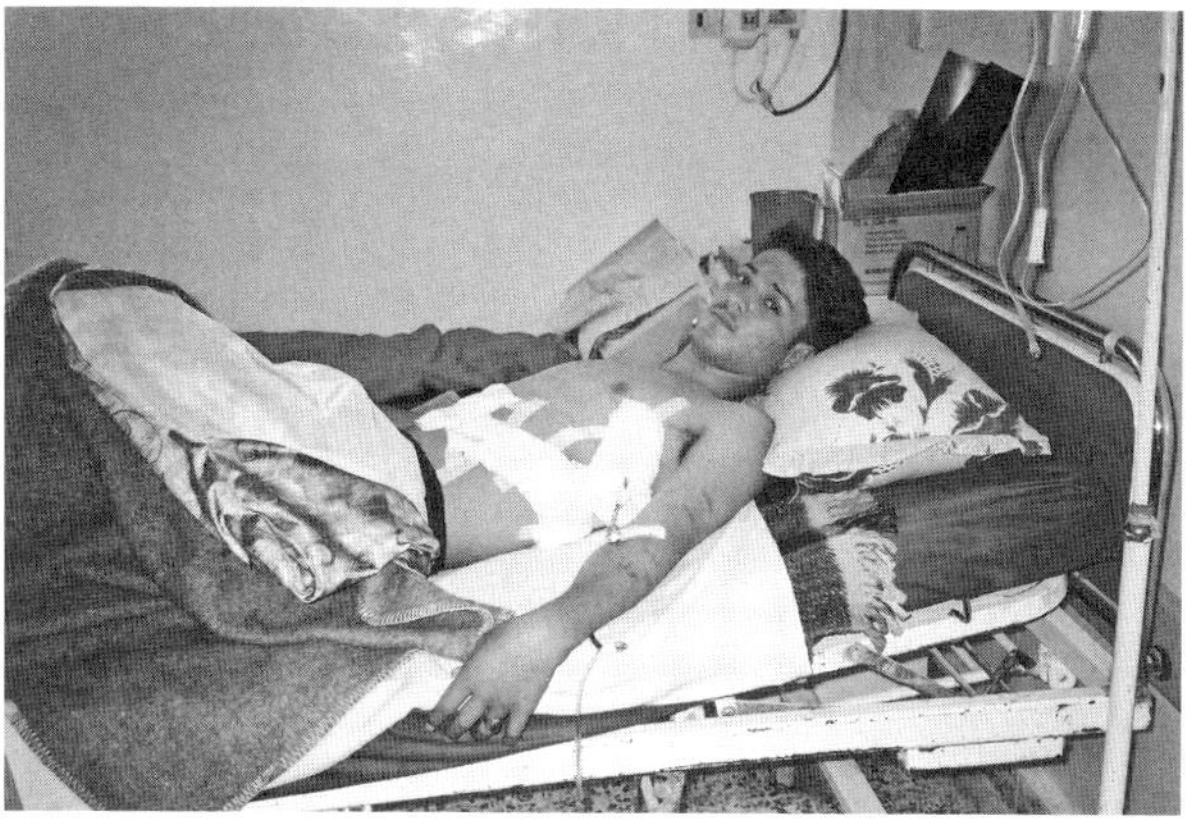

米軍の乱射によって負傷したファルージャのデモ参加者（2003年5月）

イラクの人たちは「ファルージャ虐殺」を忘れない

それから一年後の二〇〇四年四月五日に起きたのが、ファルージャ総攻撃でした。ファルージャの市街入り口を土提で封鎖するなどしたうえで、米軍がファルージャの市民を無差別に殺戮《さつりく》した事件です。この事件が起きた日のことを、イラク人はけっして忘れていません。

ファルージャ総攻撃のきっかけとなったのは、「ブラック・ウォーター」というアメリカの民間の傭兵《ようへい》会社に所属する武装社員四人がファルージャで殺害されたことでした。日本のメディアでは「アメリカの民間企業の社員四名が殺害された」と報道していましたが、「民間の傭兵会社」と「民間企業」では、ニュアンスが大きく違ってきます。英語では「ＰＭＣ（Private Military Company）」といわれ、のちに日本でもこうした名称が報道されることとなって、知られるようになりました。

武装している彼らの活動は、おおよそ米軍と区別がつきません。イラクの人たちも、米軍とともに活動する私服の兵士たちというふうに彼らを見ていました。彼らは、戦闘行為も行うし、パトロールやイラク人への検閲・検問も行う。さらには「拷問マニュアル」を使って、訊問も拷問も行う。イラク戦争では、こうした民間傭兵が湾岸戦争時よりも大幅に増え、「戦争の民営化」が一気に進みました。

二〇〇二年、アメリカは、キューバのグアンタナモ湾にあるグアンタナモ米軍基地に、グアンタナモ収容所を設置し、アフガニスタン戦争やイラク戦争で「テロリスト」として逮捕した人たちを拘留しています。ドナルド・ラムズフェルド国防長官の指示で、グアンタナモ収容所で使われていた「拷問マニュアル」が、イラクに設置されたアブグレイブ刑務所でも使用されていました。傭兵会社は、それに倣《なら》って独自の「拷問マニュアル」を作成し、それを使って拷問を行っていたのです。

アブグレイブ刑務所での拷問や虐待については、二〇〇四年四月の終わりごろ、その実態を映し出した写真が何十枚もリークされて、世界中を震撼させました。黒い頭巾をかぶせられたイラク人が、両手の指に電流の流れるリード線をつけられている写真や、裸にされたイラク人が四つん這いにされて犬の首輪をつけられ、米軍の女性兵士がその前でにっこりと笑っているといった、おぞましい写真ばかりでした。流出した写真のほかにも、非公開となっている拷問・虐待写真は二〇〇〇〜三〇〇〇枚ぐらいあるともいわれています。

「ブラック・ウォーター」の四名は、イラク人の反撃によって殺害されました。その遺体は引きずり回されたり、橋げたに吊るされたりして、その映像が報道されました。ファルージャ総攻撃は、この殺害事件への怒りに駆られた米軍による報復といえるでしょう。総攻撃が開始され、最初の一週間で七三一人の民間人が殺されたといいます。米軍は、その七カ月後、一一月に再び総攻撃をしかけます。四月の攻撃で、これだけの犠牲者を出したにもかかわらず、軍事的に制圧することができなかったからです。そのため、今度は、市街をさらに厳しく封鎖して完全包囲したうえで、再び総攻撃をしかけたのです。この時の死者数は、四月の時よりも桁が一つ増えて、一週間で六〇〇〇人ぐらいが殺されたといわれています。メディアでも、早い段階で「虐殺」という言い方を使っていました。

四月のファルージャ総攻撃のとき、市街はシャットアウトされていましたが、何とか人道支援関係者や医療関係者などは市内に入ることができました。私といっしょに現地で援助活動を行っていたイギリス人やオーストラリア人の仲間がいました。彼女たちの話では、彼女たちが救急車に乗って現地に向かったところ、米軍は救急車のフロントガラスにも発砲してきたといいます。銃弾は、偶然にも助手席と運転席の間を貫通したので、彼女たちは命拾いしました。両手を上げ、人道支援のために通過させるよう交渉をして病院までたどり着いたといいます。帰路、ファルージャから避難させてもらえない数百の家族が立ち往生しているのを見つけ、米軍に粘り強く交渉して避難させたといいます。これらの米軍の行為は、明らかに国際法に違反しています。

ところが、一一月の時はもっとひどかった。人道支援、報道関係者すべてがシャットアウトされた状態で、総攻撃がしかけられました。地元のレスキューチームは、ユーフラテス河に船を出して医療物資を運んだりしていましたが、彼らも米軍のアパッチ・ヘリから攻撃を受け死亡したという報告がありました。現地パートナーも医療物資を運搬中にヘリから攻撃を受けています。まさに密室状態の中で行われた殺戮だったのです。

このすさまじい虐殺の記憶を、イラク人はけっして忘れてはいません。これを行った米軍の主力部隊は、沖縄のキャンプ・シュワブから派遣された在日米軍の海兵隊です。日本全国の自衛隊演習場などで訓練した兵士たちが、沖縄からイラクに行き大量虐殺を行った。このことに、私たちはもっと目を向けるべきではないでしょうか。私の故郷北海道千歳市でも米軍の演習があり、道東の矢臼別《やうすべつ》では海兵隊の演習が行われています。私の故郷は地続きでイラクのファルージャにつながっている。そんなふうに感じている私にとって、イラク戦争は日本の国内問題なのです。

武器を選択した人、しなかった人

ファルージャ総攻撃は、イラクの人たちに深い傷跡を残しました。先述のように、外国から入って来たアルカーイダ系の武装勢力に合流し、米軍への復讐を強く誓って、武器を手にした人たちも多数います。このとき米軍に惨殺されたたくさんの遺体がファルージャに残されました。足をひもで縛られた上に、後頭部を撃ち抜かれて処刑された遺体。真っ黒に焼けこげて、男性か女性かも区別できないような遺体。腐臭を放ち、中から蛆虫《うじむし》がわいている遺体……。

ゆくえ不明となった身内を、こうした遺体の中から探し出す。一度に、あまりにたくさんの無惨な遺体を目にした彼らは、行き場のない怒りを募らせていく。

私が親しくしていた英語教師の友人は「もう武装勢力に加わって、武器を持って米軍を相手に戦うしかない」と怒りに震えていました。「だって、聞いてくれ。ファルージャに入っていったら、遺体がたくさんあって、犬がそれを食べていた。しかも、米軍の装甲車が遺体を踏みつけて走っていく。それを見たとき、俺は初めて復讐したいと思った」と私に打ち明けました。彼は結果的には、武器ではなく、カメラとビデオを持つことを選びました。この残虐な行為を記録に残し、それを世界に、未来に知らせていこうと。その決断を下すまでに、彼はどれだけ悩み、傷つき、葛藤したことか。そして、彼のような選択をせずに、武器をとることを選んだ人も多数いるのです。

彼以外にも、遺体の映像を撮影している人はいます。遺体の状態があまりにひどいので、その映像を見て、米軍がどんな兵器を使ったのか調べてくれないか、と私も何度となく頼まれたことがあります。

ファルージャ総攻撃から一年後の二〇〇五年、米軍は白《はく》リン弾を使用したことを正式に認めました。白リン弾は、充塡《じゅうてん》している白リンが空気に触れると自然発火して、炸裂《さくれつ》し、煙状のリンが発生します。リンは、人間の体に付着すると皮膚や肉だけでなく骨までも焼き尽くします。

ところが、米軍は「自分たちは民間人には使用していない」と主張しました。あのとき、民間人を避難させていたので、ファルージャに残っていたのは民間人ではなく「武装勢力」である、というのが米軍の理屈です。

しかし、これは誤りです。あのとき、ファルージャには多数の民間人がいました。米軍は、一四歳以上の男性は戦闘年齢にあたるとして、市街から避難することを認めませんでした。その結果、父親や、あるいは母親の兄弟、息子などが市街に残り、虐殺されてしまったというケースが多くありました。ほかにも、息子を置き去りにできないと家族全員が市内に残ったケースもたくさんあったのです。

しかも米軍は、白リン弾は焼夷弾としてではなく照明弾として使った、とも主張しました。敵を燻《いぶ》し出す煙幕として使ったというのです。

この話を聞いたとき、以前、同じ話を聞いた記憶がよみがえってきました。私の地元、北海道でかつて聞いたニュースです。自衛隊の矢臼別演習場に、キャンプ・シュワブの在日米軍・海兵隊が訓練に来て、白リン弾演習を行ったというものです。ほかにも、静岡県の東富士演習場などでも、米軍は白リン弾演習を行っています。この演習自体が非常に危険ですが、演習場には少なくとも民間人はいません。しかし、日本の演習場で訓練をして、それを民間人のいるイラクの市街地で実践をした、ということになります。

米軍の「男狩り」が生んだＩＳ

米軍による拷問と虐待も、イラク人に深い傷を残しました。米軍の統治下では、イラク人の男性が突然、米軍に連行されていくという事件がたくさん起きていました。私たちは「男狩り」と呼んでいました。米軍にとっては「テロ対策」という理屈です。逮捕状などもなく、町の男性がほぼ全員連れ去られていく。そして、米軍による訊問を受ける。訊問をされずに、何カ月も、ただ拷問だけされたという人もいました。

先述したように、拷問・虐待の実態が暴露されたアブグレイブ刑務所が有名ですが、ほかにもブーカ刑務所などもあります。

のちに、イラクの人たちに恐怖をもたらすことになるＩＳの幹部の半数以上は、イラク人です。ＩＳの指導者として有名なアブー・バクル・アル＝バグダディもイラク人です。あるＩＳの現役幹部は「イラクの米軍刑務所が存在しなければ、ＩＳは存在しなかった」と発言しています（'Isis: the inside story', *The Guardian*, 2014 dec. 11. https://www.theguardian.com/world/2014/dec/11/-sp-isis-the-inside-story?CMP=share_btn_tw）。

ＩＳ幹部となったイラク人の多くは、二〇〇四〜〇七年ぐらいに、米軍の刑務所（主にブーカ刑務所）に収監されていた人たちです。バグダディは模範囚だったともいわれています。

彼らは収監されている間に知り合いとなり、出所したらイスラム国家を建設しようと話し合ったとのことです。こうしたネットワークが母体となって、ＩＳが組織化されていったのです。

次章でも述べますが、二〇〇四年四月、ファルージャで、私は二人の日本人とともに、地元の武装勢力に拘束されました（九日目に解放）。その事件から半年後の一〇月には、日本人青年が武装勢力に拘束される事件が起きました。武装勢力は、イラクのサマワに派遣されていた自衛隊の撤退を要求する犯行声明を発表しましたが、当時の小泉純一郎首相は「テロには屈しない」と主張し、要求を拒否しました。結果的に、その日本人は首を切られて殺害され、その遺体が路上で見つかるのですが、遺体は星条旗にくるまれていました。すなわち、犯行をおかしたグループは、日本人をアメリカの一部として処刑したのです。

この犯行グループは「イラク聖戦アルカーイダ」と名乗っていました。単なる地元の反米武装勢力ではなく、イラクに入って来たアルカーイダと合流した勢力であり、これがのちにＩＳへと発展していくことになったのです。

「反テロ法」による「スンニ派狩り」

ＩＳが過激化し、モンスターへと成長していったのには、イラクの内部事情も背景にあります。それは「スンニ派狩り」と呼ばれるものが、大きな要因としてあります。

イラクを制圧したアメリカは、二〇〇五年、イラクを民主化させるステップとして国政選挙を実施し、イラクに新しい政府が誕生します。フセイン大統領はスンニ派の出身で、スンニ派を中心とした独裁政権を敷いていました。一方、イラク新政府で実権を握ったのは、隣国イランのシーア派至上主義に傾倒する政党でした。イラク戦争直後、イランから入ってきたのはこれらの政党に通ずる「バドル旅団」と呼ばれるサダム・フセイン暗殺を目的とした暗殺団で、イラク新政府の治安部隊や警察に組み込まれていきました。「治安権限の移譲」を進めるため、米軍はこの新生イラク警察と治安部隊の訓練をし、検問所に配置していきました。検問所では、ＩＤカード、名前や出身地などでスンニ派とされた者は逮捕され、刑務所内で拷問死させられることになったのです。

「スンニ派狩り」と呼ばれる、こうした事件が頻繁に起きるようになり、これを引き金に、イラク国内で宗派対立が激化することになります。

二〇〇五年五月、イラクの人権団体が隣国のヨルダンにいた私のところに持ち込んだ映像は、イラク移行政府発足直後に起きた事件とその後に続く大量殺人に関するものでした。

バグダッド市内にあるイスラム教スンニ派のイマーム（宗教指導者）、ハサン・アル・ニアイミー師の自宅にイラク警察がパトカーで乗りつけてきました。ハサン師は手錠をかけられて連行され、その後ゆくえ不明となります。三日後、ハサン師の遺体がバグダッド市内の路上で発見されます。映像は、その時の様子をひたすら記録し続けています。

モスク（礼拝所）に運び込まれたハサン師の遺体は激しい拷問の痕が残されていました。手錠はされたまま、内臓が取られ、腹には一直線に医療縫合の痕があり、背中と頭部に電気ドリルで開けられた穴が数カ所ありました。

この事件以降、バグダッドでは連日、同様に拷問処刑された遺体が遺体安置所や路上に山積みにされるようになりました。そのほとんどがスンニ派市民でした。映像には、何体もの拷問遺体の身元確認の様子、いくつも棺桶を掲げた葬送行進や、不当逮捕を訴える大規模なデモの様子が映されていました。

当時、メールボックスを開けると、友人が添付してくるファイルは、彼らの兄弟や従兄弟だという拷問遺体の写真や映像ばかりでした。スンニ派市民の間では「モルグ（遺体安置所）ツアー」

という言葉が流行るほどでした。ある日突然、夫や息子がいなくなり、病院のモルグを探しまわる。遺体を発見した親族は、金を払って引き取るのですが、埋葬のために墓地に向かう途中で同じ運命をたどることも少なくありません。

この「スンニ派狩り」が、新生イラク政府による「宗派浄化」の始まりでした。「スンニ派狩り」を可能としていたのが、「反テロ法」という法律です。同法の第四条は、不当逮捕したスンニ派市民を正当な手続きなしで処刑することも可能にしています。米軍による「男狩り」の形式を踏襲し、それを新政府が法律で裏付けたのです。

前述したように、イラク戦争前、スンニ派を中心とした独裁政権下ではあっても、イラクは基本的に異なる宗派同士が共存する社会でした。しかし、その共存社会は、イラク戦争後に持ち込まれたアルカーイダのような「スンニ派原理主義」と新生イラク政府の「シーア派至上主義」によって、急速に分断されることになっていったのです。

一〇年後に同じ病院で

「スンニ派狩り」を追及したジャーナリストたちはことごとく暗殺されていきました。政治家も例外ではありませんでした。スンニ派のタリク・ハシミ副大統領は「テロ首謀者」として逮捕状を出され、欠席裁判で死刑が確定し亡命しました。選挙になれば、候補者が十数名暗殺され、そのほとんどはスンニ派議員や候補者でした。

二〇一二年一二月、やはりスンニ派のイサウィ財務大臣の自宅が襲われ、ボディガード一〇人が逮捕され、のちに釈放されるという事件が起きます。これを受けてイサウィ大臣の出身地ファルージャでは反政府デモが始まり、瞬く間に、ファルージャ、ラマディ、モスル、ティクリート、キルクーク、バグダッドという六都市に広がり大規模化していきました。毎週金曜日に開催されることから「金曜デモ」とも呼ばれていました。また、アラブ諸国で起きた民主化運動になぞらえて、「イラク・スプリング（イラクの春）」と称されることもありました。

デモ隊は、シーア派政権によるスンニ派市民の不当逮捕と拷問、裁判なしで執行される処刑を非難し、それを可能にしている「反テロ法」の撤廃を訴えていました。しかし、イラク政府は軍を送り込んで武力鎮圧を繰り返し、無差別な銃乱射でデモ参加者の中から多くの死傷者が出ることとなりました。私自身も、医療支援活動中にその惨事を目撃したことがあります。駆けつけたＥＲ（救急救命室）は負傷者の血とうめき声であふれていました。

二〇一三年一月一五日のことです。私は長期滞在し、ファルージャ総合病院で援助活動を行っていました。そのとき、外で銃声が聞こえました。血だらけの男性が病院に担ぎ込まれ、続いて錯乱状態の男性が病院に走り込んできました。デモを行っていたところを、政府軍に銃撃されたというのです。男性は「これが、デモクラシーなのか！　アメリカの言っていたデモクラシーなのか！　いったい、アメリカはこの国に何をもたらしたのか！」と叫び続けていました。

これが、アメリカのデモクラシーなのか――。そう、ちょうど一〇年前にも、この同じ病院で聞いた言葉です。その時は、米軍に仲間を銃撃されたデモ参加者が叫んでいました。そして一〇年後、今度はイラク政府軍に銃撃されたデモ参加者が同じ言葉を叫んでいる。いったい、私は一〇年間、何をやってきたんだろう。一時期、状況はよくなってきたと思った時もあったけれど、一〇年間活動をしても結局、同じ状況に戻ってしまっているではないか。そう考えると、本当に力が抜ける思いで、涙があふれて止まりませんでした。

非武装デモから戦闘へ、そしてＩＳの支配へ

市民は政府軍の武力鎮圧にもかかわらず、驚いたことに、翌週にはまたデモに参加するのです。仲間が殺されても丸腰で立ち上がる市民の、必ず家族を取り戻すという強い執念を感じました。私は、イラクの人たちの忍耐強さに深く感銘を受けます。仲間が殺されても、平和を取り戻すために、丸腰でデモを一年以上も毎週、続ける。こんなことを、私たち日本人ができるでしょうか。

しかし、デモが始まって一年が経った二〇一三年末に事態が急変します。イラク政府が「アンバール県ラマディのデモ隊キャンプがアルカーイダの拠点と化している」と発表。治安部隊が排除に乗り出し、ヘリコプターによる空爆まで始まり、多数の死傷者を出すことになります。これに対し、デモ隊を指揮していた部族長たちは「部族の革命軍」を結成し、バグダッドから侵攻してくるイラク治安部隊とアンバール県の県境で激しい戦闘が起きました。市内は激しい空爆が続き、大量の避難民が安全なクルド自治区に流れてきました。避難民たちは「県境は、反政府の部族革命軍と政府軍の激しい戦闘で近づけない。市内は空爆がひどすぎていられなかった」と訴えていました。

政府軍のアンバール侵攻に全精力を傾けていた部族の革命軍の背後では、不穏な動きが起きて

いました。一度はイラクから追い出されてシリアに移ったイラクのアルカーイダが「ＩＳＩＳ（Islamic State of Iraq and Syria　イラクとシリアのＩＳ）」と名乗って戻り始め、警備の手薄になった市内の警察署などに黒い旗を掲げ、海外メディアに大きく報じられました。市内の空爆は止まず、ＩＳＩＳは未亡人や孤児たちに見舞金を配るなどして人心掌握を図っていきました。そこから急速に勢力を拡大し、数カ月後の二〇一四年六月には、バグダディがイラク第二の都市モスルでＩＳ建国宣言を行います。

ＩＳは、イラク戦争後にイラクに入ってきたアルカーイダ系組織がその原型です。二〇〇四年以降、米軍に肉親を殺された地元の抵抗勢力に近づき勢力拡大を図りましたが、無差別にイラク市民の殺傷を繰り返したため、地元から大きな反感を買いました。「イラク聖戦アルカーイダ」「イラクイスラム国」などと名前の変遷があり、外国人誘拐も繰り返しました。先述した日本人青年の殺害もこのグループによるものでした。

その後、部族による「アルカーイダ掃討」で一気に弱体化し、アンバール県から追い出されること

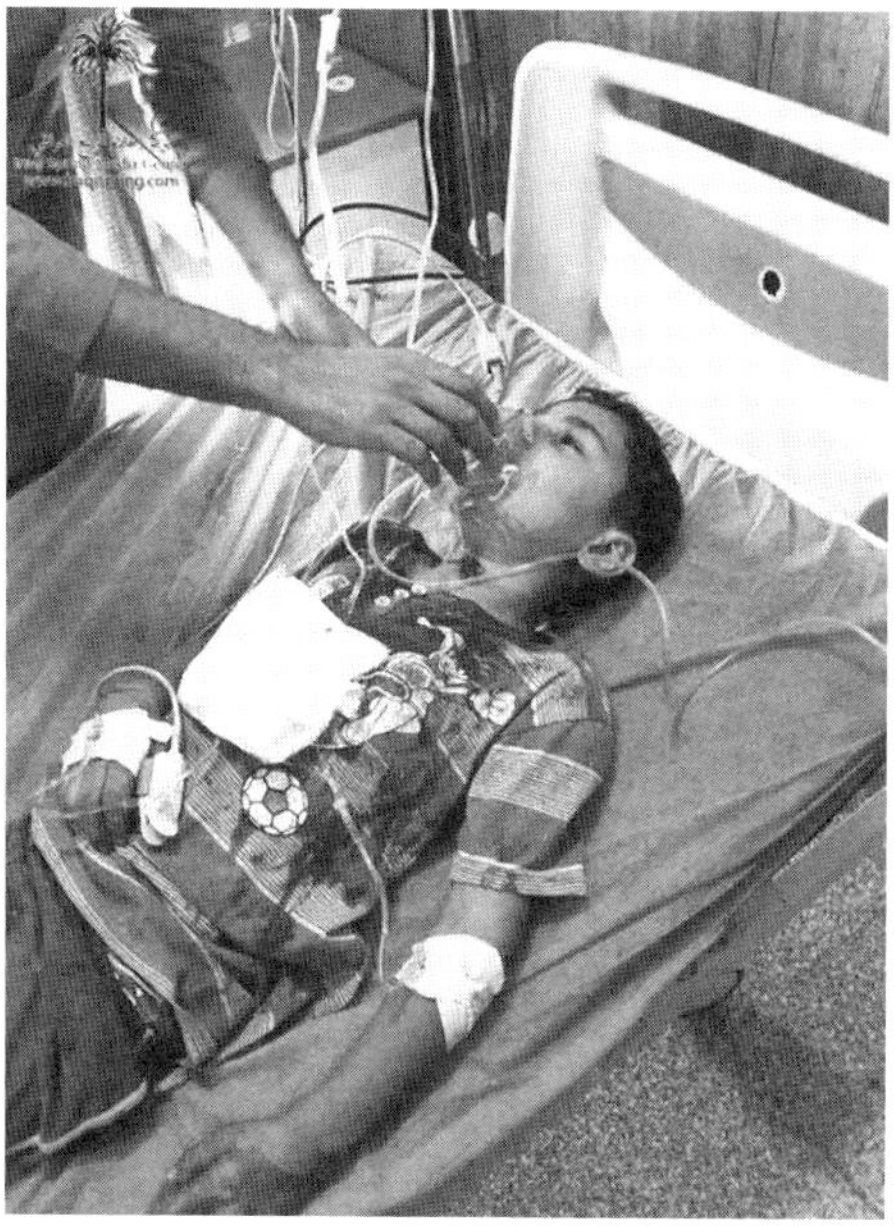

イラク政府軍がデモ隊に空爆を開始してから戦闘が本格化．病院や民間人への攻撃も相次ぎ，多数の犠牲者が出た（2014 年 5 月）

になります。イラク第二の都市モスルで自爆攻撃などを繰り返し、二〇一一年に内戦が始まったシリアに移って勢力を拡大し、ISISとなります。そして二〇一三年末のイラク政府によるデモ隊襲撃に乗じて、イラクに戻ってきたのです。

このとき、国際社会として何か対処できなかったのか、と悔やまれてなりません。その後のISによる支配を決定的にしたのが、二〇一四年一月から四月にかけての、この時期です。政府軍は、病院なども平気で空爆をしていました。私のところにも、女性や子どもも含めて民間人が何人殺された、といった報告が何度も送られてきていました。もちろん、政府軍の行為は許されることではありません。人類は、二度にわたる世界大戦を経て、戦争にもルールが必要であるとして、ジュネーブ条約などの国際人道法や交戦規定などをつくりました。病院への空爆は、これらの規定に明らかに違反しています。

であるなら、こうした行為を、国際社会はきちんと問題にすべきだったのではないでしょうか。私たちも、この年の一月と三月に国際人権団体に依頼をして、イラク政府軍の行為が、戦闘に参加していない者への戦闘行為を禁じたジュネーブ条約に違反しているという声明を発表してもらいました。また、国連人権理事会でスピーチをしてもらい、アメリカ政府へのロビー活動なども行いました。しかし、それらに対する国際社会の反応は、ほとんど何もありませんでした。

その理由の一つは、「対テロ戦争だから、仕方がない」というものです。「対テロ戦争」の名のもとで、国際社会は思考停止に陥ってしまったのではないでしょうか。このときに、国際社会が何らかのアクションを起こしていれば、ISの拡大はここまでひどくならなかったのではないか、と思えてなりません。

自分たちを苦しめた米軍に助けを求める

二〇一四年六月には、バグダディがISの建国宣言を行い、イラクの第二の都市モスルをISが支配したことを宣言します。モスルの人たちは、当初、ISの人心掌握にのっかり、ISを受け入れてしまいました。ISは彼らに「恐ろしい「スンニ派狩り」から、あなたたちを救いに来ました。私たちは仲間です」と言って、彼らの心をつかんでいきました。また、イラク戦争直後、米軍の占領政策の一環で一斉排除の対象となっていた、サダム政権当時にイラクを支配していた旧バース党の残党がこれに合流していました。これが、モスルの人たちを油断させた一因と言えます。

実際、ISは当初、彼らに自由と安全を与えました。大人たちはタバコを吸うこともできたし、子どもたちは夜でも平気で好きなサッカーができた。しかし、それはわずか一カ月の間だけでした。一カ月後には、恐怖支配へと変わってしまいました。独自解釈のイスラム法の教えを強要し、歴史的建造物を平気で破壊し、大人がタバコを吸ったり、子どもがサッカーをやっていたら、「イスラム教の規律に反する」としてムチ打ちの刑を加える。モスル市内の映像を勝手にネットなどにアップしたら処刑する、といった具合です。

「ISはイスラム教ではない」と非難していた私の友人もISに処刑されてしまいました。スンニ派市民は、同じスンニ派のISにも殺されてしまうのに、周囲からはスンニ派市民はすべて

ＩＳ＝テロリストであり、支持者とみなされ、政府軍や、政府が組織したシーア派民兵にも殺される。まさに「鉄砧《かなとこ》とハンマー」の間に置かれている状態です。

八月に入り、事態は急速に悪化していきます。八月三日、モスル郊外にあるキリスト教徒最大の町カラコシュにＩＳが攻め込み、改宗または人頭税《じんとうぜい》を払えと迫りました。拒んだ者たちは、あっという間に処刑されてしまいました。カラコシュの東にあるクルド自治区アルビルには数日で数万人近いキリスト教徒が避難してきました。

キリスト教徒の多いアンカワ地区の教会・公園にテントがびっしり張られ、学校や建設途中の建物にも避難民が着の身着のまま、暑さにあえいでいました。気温が五〇度にも達する夏の殺人的な暑さの中で、少なくない乳児や年配者が脱水により、避難所で息絶えていきました。

同じころ、クルド自治区北部のドホークにはヤジディ教徒（ヤジディ教とは、一部のクルド人の間で信仰されている民族宗教）の避難民が三〇万人以上いました。モスルの西にあり、シリア国境に近いシンジャルで、ヤジディ教徒はＩＳに襲われ、改宗を拒んで殺されました。多くの教徒がシリアやトルコに逃げたのですが、三万人近くがシンジャル山に逃げ込み、炎天下で数百人が死亡したとの報告が出ていました。八月六日のことです。

海外メディアは連日トップで報道し、バグダッドの議会でヤジディ教徒の女性議員が助けを求め、絶叫し泣き崩れる映像が繰り返し流されていました。

アメリカがイラク空爆を決定したのは翌七日でした（八日に空爆開始）。オバマが大統領に就任した際の公約が、イラクからの完全撤退でしたから、オバマ大統領は空爆を決断することにかなり慎重でした。しかし、ＩＳによるヤジディ教徒とキリスト教徒への虐殺を契機に、空爆に踏み切ったのです。米軍はシンジャル山周辺のＩＳ拠点を空爆し、イラク政府軍やイギリス軍などがヘリコプターで食料や水を空中投下し、数十人ずつ救出していきました。

このとき、私はクルド自治区で食料や水、日用品、エアクーラーなどを配付し、同時に聞き取りも行っていました。ヤジディ教徒の女性たち数千人は、ＩＳに性奴隷として連れていかれたと

IS に襲撃された直後，キリスト教徒はクルド自治区アルビルの教会，学校，公園などにあふれた(**2014** 年 **8** 月)

クルド自治区アルビルの学校，キリスト教会はすべてクリスチャンの避難民であふれた(**2014** 年 **8** 月)

ISは異教徒を襲撃，処刑した．クルド自治区ドホーク郊外の産業地帯の倉庫の中にも着の身着のままのヤジディ教徒がいた(2014年8月)

いいます。シンジャル山を生き延びた人々の話は、どれも凄まじいものばかりでした。山には日陰となる木も生えておらず、食べ物もなくなり、炎天下で命を落とす子どもたちが続出。食べ物を調達するために里へ降りた数名が戻らないので、翌日山を降りてみると全員の生首が並んでいた……など、信じられないような話も聞きました。キリスト教徒の人たちの恐怖に怯《おび》えた顔が忘れられません。私の目の前で「誰でもいいからISを追い出して」と涙ながらに訴えたシスターもいました。

「対テロ」空爆とそれに名を借りた「スンニ派狩り」が止まらないファルージャやラマディでも米軍を待望する声が出ました。政府の暴走を止められるのは米軍しかいないと……。さんざん米軍に攻撃され、拷問・虐待され、家族・友人を殺された人々にそう言わしめる状況を、想像してみてください。

報復の連鎖は続く

アメリカが空爆に踏み切った翌日、イギリス国籍といわれるジハーディ・ジョンと名乗るIS

の戦闘員が、シリアで「オバマよ、おまえがイラクで行ったことへの復讐だ」として、拘束していたアメリカ人ジャーナリストの首を切り落として殺害します。このジャーナリストは、ＩＳに処刑された他の人たちと同様、オレンジ色のジャンプ・スーツを着せられていました。このジャンプ・スーツは、アブグレイブ刑務所やグアンタナモ収容所などで囚人が着せられていたものです。ＩＳは、そのことを明白に意識して、アメリカへの復讐として、処刑を行っているのです。

アメリカが空爆に踏み切ってから、二〇一七年までの三年間、ほぼ毎日、空爆が続いていました。空爆開始の翌月、アメリカの呼びかけで六〇カ国以上が、対ＩＳの有志連合に加わりました。日本は最初から参加しています。

「エアー・ウォーズ」という民間の監視団の統計によると、米主導の有志連合による空爆の合計数が二万六〇九四発とされており、そのうちの一万三〇〇〇発以上がイラク、約一万二〇〇〇発以上がシリアだとされています（二〇一七年九月五日時点）。そして、有志連合の空爆によって少なくとも五一一七人が亡くなっているといいます。

モスルの人たちは、ＩＳによる恐怖支配と、有志連合による空爆という板挟みの中で苦しみ続けました。モスルの人たちは、ＩＳの人心掌握にのっかり、ＩＳを受け入れてしまったことをものすごく後悔しています。でも、モスルの人たちは、最初は米軍によって苦しめられ、その次は、イラク政府によって苦しめられてきた。そこに乗じて、モスルに入り込んできたのがＩＳだったのです。「対テロ」の名のもとに始められた暴力は、新たな暴力へと、次々に形を変えていき、次々と人々を苦しめ、多くの命を奪っていったのです。そして、その暴力はいつ終わるとも知れない連鎖を続けています。

イラクのゆくえは

米軍、イラク政府、そしてＩＳによる暴力。さらに、その後には、ＩＳを掃討するためのイラク軍や有志連合による空爆。イラクの人たちの苦しみは続きます。

かつて私が援助活動で通っていたファルージャ総合病院は、二〇一三年一〇月に改装され、新しい医療機器なども導入され、母子専門のファルージャ母子病院となりました。日本のＯＤＡ（政府開発援助）からも約一九億円が使われており、日本とイラクの国旗が入った新しい看板も掲げられていました。ところが、この病院は、二〇一五年八月にイラク軍により空爆され、破壊されてしまいました。

この事件は、その日のうちに、アラビア語と英語のメディアで報じられ、母子二二人が死亡したと報道されていました。私はこの時はイラクにいませんでしたが、現地の友人が携帯電話で「日本の病院が空爆でやられた」と伝えてきて、フェイスブックのメッセンジャーで写真と短い映像も送ってきてくれました。私は、日本でも報道されなければならないと思い、日本の大手テレビ局の知り合いなどに話をして、現地から送られてきた写真や映像を送りました。

あるテレビ局の人は、私からの情報を受け、バグダッドに連絡をとり、事実確認もしたそうです。ところが、報道にはいたりませんでした。私が送った映像に、ＩＳのマークが入っていたからです。そんな映像を日本のテレビで流してしまえば、ＩＳに加担していると思われかねない、という理由です。

もちろん、私は、現地の友人がＩＳの撮影した映像を私に送って来たことを、それを受け取った時点で知っていました。その映像を自分のフェイスブックにアップするとき、私も少し悩みました。私がＩＳと関係しているなどと誤解されたら、怖いなとも思いました。でも、この深刻な事態を知らせることが最優先と考え、フェイスブックに映像をアップし、さらに、日本のマスコミにも働きかけたのです。

残念ながら、ＩＳ支配下で報道が厳しく制限されている中では、こうした映像しか出てこないのです。市民やジャーナリストが撮影した映像はありません。ＩＳによる支配は、こうした形でも、人々を苦しめていたのです。

しかし、そもそも、日本で報道されなかったのは、日本の人々がイラクのことに関心がないということが大きな原因ではないかと思います。人々の無関心と国際ニュースの報道の少なさ。これも一種の「負の連鎖」のような気がします。

すでに述べたように、二〇一七年七月、イラク政府はモスルなどをＩＳから奪還し、イラクの人たちはＩＳによる恐怖支配からは解放されました。しかし、町に戻ってみると破壊しつくされていて、そこはとても生活できる場所ではなくなっていました。避難生活は続き、イラクに平穏が戻るのは、まだいつになるのかわかりません。

第2章　私がイラク支援を続ける理由

第1章でも触れたように、私はイラク戦争の開戦から約二カ月後の、二〇〇三年五月から一五年以上、イラクでの支援ボランティアを続けてきました。「なぜ、日本から遠く離れたイラクで支援活動を続けているの？」という問いかけを、よくされます。

また、この章でも触れますが、二〇〇四年四月、二人の日本人とともに、イラクのファルージャで、地元の武装勢力に拘束されました。九日後に解放されたものの、日本に帰国したら「自己責任で行ったのに、日本に迷惑をかけるな」という激しいバッシングを受けました。それでもなお、イラクに関わり続けるのはなぜなのか。そのことを、この章で述べてみたいと思います。

殺戮を止めることができなかった

イラク戦争が始まる三年前、二〇〇〇年で三〇歳となった私は日本での仕事を辞め、インドでボランティア最優先の生活を始めました。一年間はマザーテレサの孤児院に通い、〇一年一月に西インド大地震が発生した時は緊急支援に出かけました。その後はタイとカンボジアのエイズホスピスで働いていました。

カンボジアでは、戦争の「負の遺産」について学びました。地雷被害者たちがたくさんいて、彼らに地雷原を案内してもらったこともあります。また、プノンペン市内では時々、爆弾事件が起きることもありました。戦争のリアルに少し近づく経験をしたのがカンボジアでした。

そんな日々を送っていたとき、二〇〇一年九月一一日、アメリカ同時多発テロが発生しました。ハイジャックされた航空機二機がニューヨークの世界貿易センタービルに突っ込むという映画のようなその光景に現実感が持てず、私は、しばらく呆気にとられていました。同居していたフランス人が世界中に敵をつくり出すアメリカについて話し始め、私は自分が見ていた世界の狭さに気づかされます。このままではいられない。改めて生き方を問われた大事件でした。

アメリカは「報復」としてアフガニスタン空爆を開始。しばらくして地雷撤去NGOのスタッフが「誤爆」で死亡するというニュースを目にしました。カンボジアでの経験を総動員して想像するアフガニスタンの惨状はあまりにリアルで、食事も喉を通らないほどの苦しさを覚えました。夜は眠れず、まだ見ぬアフガニスタンの人々への思いで涙がこみ上げ、何をすればよいかわからない自分に苛立つばかり。

それまでの緊急支援の経験からやるべきことは想像ができていました。アフガニスタンに行きたい。なのに、動けない。ボランティアを最優先にしている私にとって、引き留めるものはないはず。でも、恐怖心に打ち克つことは簡単ではありませんでした。戦争をリードする人々、軍需産業、資源をめぐる争奪……。戦争について知れば知るほどこみ上げてくる怒りで、誰かを攻撃したくなる衝動にも駆られる。それではボランティアはできない。ましてや怒りが渦巻く戦場に怒りを持ち込むべきではない。インドで学んできたことを何度も自分に言い聞かせる日々が続きました。

そのうちに、アメリカの矛先がアフガニスタンからイラクへと移りました。大量破壊兵器を持っているとか、テロ支援国家だとかもっともらしいことを並べ立てるリーダーたち。どさくさ紛れに言いがかりをつけている感は否めませんでした。世界中で、イラク攻撃反対のデモも起きていました。私も、このとき、生まれて初めてデモに参加しました。

小泉純一郎首相は「アメリカのイラク攻撃を理解し支持します」と、アメリカが主導するイラク攻撃へと向かう波に、早々に乗りました。信憑性が疑われる大義のもとでなされようとしているアメリカの先制攻撃を止めるのではなく、真っ先に支持してしまう日本に激しく失望せざるを得ませんでした。「参戦表明」のように聞こえてしまった私の中では、日本人としての覚悟や責任を突きつけられた出来事でした。アフガニスタンに行くことを想定していた私は、このことをきっかけにイラク行きに照準を合わせていきます。

反戦デモは地球規模で広がっていました。六〇カ国、六〇〇以上の都市で反戦行動が行われ、約一〇〇〇万人が参加しました。それでも、私たちはイラク戦争を止められませんでした。人類はこれだけ進化しているというのに、殺戮を止める術《すべ》をいまだ持っていないという情けない現実に怒りも燃え尽きてしまいそうでした。

そこから再び、自分の中の怒りや恐怖心と闘う日々が続きます。最後はインドで山に籠って瞑想修行に没頭しました。やっと覚悟が決まり下山すると、イラクの首都バグダッドは陥落していたのです。

ファルージャとの運命の出会い

二〇〇三年五月一日、ブッシュ大統領の大規模戦闘終結宣言のあった日、私はイラクに初入国しました。プレスセンターになっているシェラトンホテルやその周辺の大手ホテルは世界中の報道機関と国際機関の人たちでいっぱいでした。商店街はまだ閉まったままでしたが、ヨルダンから持ち込んだ水や食料でしのいでいるうちに、町は少しずつ動き始めました。一日の大半は停電していて、夜になると、発砲スチロールの箱を持つ人たちが暗がりで缶ビールを売っていたりもしました。

イラク入国二日目、二軒目の宿で荷を解き、アメリカの空爆に反対するためにイラクにやってきた「人間の盾」やジャーナリストなどの日本人たちが私の部屋を訪れてきました。彼らと話しているとき、何者かが私たちの部屋めがけて発砲してきました。半開きになった窓からは硝煙が見えました。私たちは床を這って廊下まで行き、跳弾が飛んでこないところでしばらくじっとしていました。宿の従業員たちが銃を片手に屋上に上がっていき、日本人のジャーナリストがその後を追いかけていきました。「人間の盾」の女性は、「とうとう本当の戦争が始まったとイラク人が言っている」ととても悲しそうに言います。「終結宣言」が出されても、実際の戦争は終結していなかったのです。

同行したジャーナリストやボランティアたちと二手に分かれて情報収集を開始します。私はすでにイラクに入っていた日本のＮＧＯを訪ね、緊急支援のニーズや治安について聞いてまわりました。「ファルージャという町には行かない方がいい。何が起きているのかわからないけど、危ないという噂が流れている」。そう言われて、私は宿に戻りました。

他方、プレスセンターをまわって通訳やガイドを探しに行ったジャーナリストたちは、「アンバール県のファルージャに行ってきた。緊急支援をするならファルージャの病院に行くべきだ」と言い出しています。彼らの報告によると、プレスセンターで声をかけてきたイラク人二人はバグダッド県の西隣のアンバール県から来ていて、「ファルージャで米兵がデモ参加者に銃を乱射しているというのに、どこのメディアも取材に来ない」と憤慨していたといいます。真剣な彼らの訴えを聞いたジャーナリスト二人は、怒れるイラク人の案内でファルージャに向かったとのこと。銃乱射事件の現場に行ってみると、蜂の巣にされた車両や、民家の内壁にはまだ赤い血痕があったそうです。

私は、ジャーナリストたちの報告を聞いて少し戸惑いましたが、現場に行くべきだと判断しました。最も危ないところは最も見えないところ、そういうところが一番支援が必要なのだろうと思ったからです。

翌朝、アンバール県の二人が宿まで迎えに来て、バグダッドから西方六〇キロにあるファルージャに向かいました。英語を話すカーシムという青年は、ファルージャのさらに西方にあるラマディ出身で、元はイラク軍兵士だったと話してくれました。「アメリカが本当に攻撃してくるとは思わなかったし、時代遅れの装備で勝ち目などなかった」と投げやりに言っていましたが、悔しさが言葉の端々ににじんでいました。彼の怒りは、アメリカの攻撃を許した国際社会にも向けられていました。

第1章でも述べたように、私が向かった現場では、小学校を占拠した米兵が、これに抗議するデモを行っていた人たちに向けて銃撃し、二〇人以上が殺されていました。

負傷した人たちが担ぎ込まれたファルージャ総合病院では、「これがアメリカのいうデモクラシーなのか！」と私たちに怒りをぶつけてくる人がいたことも、前述しました。医療者たちは、「あらゆる薬、綿、ガーゼ、包帯など全てが足りません」と繰り返します。私とファルージャの運命の出会いはこのときに始まったのでした。

「イラク・ネタ」は賞味期限切れ？

私は、バグダッド滞在中のNGOにあちこち声をかけて医薬品をかき集め、ワンボックス車をチャーターし、カーシムとともに支援物資を届けることを繰り返しました。さらに西方六〇キロにあるアンバール県の県都ラマディの病院への物資支援を始め、町の人々への聞き取りも続けました。病院の敷地内には米兵が常駐しており、病院の職員とのトラブルも頻発していました。市民は口々に米兵への不満を口にしています。検問所に近づいただけで発砲された、ボディチェックをされたときに財布を取られた、夜中に突然「家宅捜索だ」と押し入ってきた米兵が金品を盗んでいった、コーランを投げつけた、踏みつけたなど、米兵たちの信じられないような蛮行の数々が語られます。

バグダッドに戻り、報道関係者を見つけてはその話を伝えてまわりました。みなファルージャに関して興味は示しますが、欧米系のジャーナリストが撃たれる事件なども相次いでいたため、なかなかファルージャへの取材は叶わないようでした。日本の報道関係者には「ここは中東の戦場なんだから、話半分以下で聞いた方がいい」「そろそろイラク・ネタも賞味期限が切れてきたしね」などと言われ、驚かされたこともありました。爆弾事件を取材したフリー・ジャーナリストは、東京の大手メディアから「死者数がもう少し増えたらもう一度、話を持ってきて」などとも言われたそうです。

埋もれていく戦場の実態

あるとき、ファルージャからの帰り道で米軍の装甲車が並走してきました。上半身を出して見張りをする米兵の銃口が窓越しの私に向けられているのに気がつき、飛び上がるほど驚きました。次の瞬間、装甲車は私たちの車の前に入ってきて、私たちの車を制止させました。車両から出てきた数人の米兵が、私たちに銃を向けて「車から降りろ！」と怒鳴っています。日本人四人、イラク人二人、全員両手を上げて車から降りると、「腹這いになれ！」とまた怒鳴られる。地面に腹這いになり、米兵の軍靴の動きだけを見る。隣で地面に顔をつけていたのは沖縄のＮＧＯの人で、「ここまでの屈辱は初めてだな」と小声でつぶやきました。「日米同盟って何なんでしょうね……」と私も声をひそめます。米兵はパスポートを調べたり、車を調べたりしていたようです。彼らの人を見下した態度に惨めな気持ちになり、余計なことをするなと言わんばかりの恫喝に恐怖を覚えました。

以後、ファルージャやラマディに行くと米軍車両が近くを巡回することが増えていきました。その後、もう一度、米軍に捕まった時は、同乗者がカメラのデータを削除させられたりもしました。明らかに米軍は私たちを歓迎していませんでしたし、ファルージャやラマディで起きていることを外部に知られるのを警戒しているということがよくわかりました。私以外にも、ファルージャやラマディを取材した者、米軍の使用した兵器についての取材やその痕跡を調査している者が連続で米軍に捕まりました。カーシムはラマディで何が起きているかを英語のブログで書いていて、そのことを理由に米軍による家宅捜索を受け、パソコンとともに逮捕されてしまいました。

軍はそのコントロール下で何が起きているかを知られることを嫌がります。軍が統治している場所に足を踏み入れれば、脅しを受け、時に命を奪われることにもなります。しかし、それは私たちが知るべき事実が山ほどあることを意味しているのです。イラクで命を落としたジャーナリストの人数は、イラク戦争開戦から六年連続で世界最多を記録していました。事実がいかにして埋没していくかということを、私はイラクで何度となく思い知らされることとなります。

イラク戦争開戦以降、イラクでは毎日のように爆弾事件や戦闘、空爆、暴力によって死傷者が出ていました。たとえば、二〇一五年は毎月の死者が五〇〇─八〇〇名、負傷者は八〇〇─一五〇〇名となっていました(国連イラク支援団(UNAMI)報告)。でも、そうした実態は、ほとんど報道されることはありませんでした。たとえニュースになったとしても、「死者〇名、負傷者〇名」と一瞬、報道されるだけです。

しかし、家族を殺されて残された者、負傷した人たちのその後は、長く辛い時間が続きます。

少年の自宅は米軍の爆弾で全壊した．「飼っていた鳩が全部死んでしまった」(2009 年 4 月)

イラクの隣国ヨルダンにいるイラク難民の中にも、多くの負傷者がいました。米軍の狙撃や爆弾を受けて寝たきりになったり、下半身不随になった人たち。拷問を受けて足を失った人たちもいる。これまで、義足や車椅子、医療用ベッドに人工肛門バッグ、手術費用などさまざまな支援をしてきましたが、誰もが身体的なダメージだけでなく精神的にひどく苦しんでいました。

イラクの病院で仕事をしていたとき、爆弾事件に巻き込まれた人たちが運ばれてきました。右腕に重傷を負い、皮膚がちぎれています。隣のオペ室からはチェーンソーのような音が聞こえてきて、手術台の上の男性の右脚を切断しているところでした。男性は時々瞬きをしながら天井を見つめていたので局所麻酔だとわかりました。爆弾が炸裂し、激しい痛みの中で病院に運ばれ、医師に右脚切断を宣告されたこの人は、意識のあるままこの音を聞きながら、何を思っていたことでしょう——。

自衛隊イラク派遣の傷跡

二〇〇三年七月「イラク復興支援特別措置法」が成立し、自衛隊がイラクに派遣されることになりました。〇四年一月には、私の出身地である北海道の陸上自衛隊が先遣隊としてイラクにやってきました。

その少し前のことです。バグダッドの滞在先のホテルに顔見知りのイラク人がやってきて、私たち日本人に向かって興奮気味にこう言いました。

「昨日のアルジャジーラ（カタールの首都ドーハに本拠を置き、アラビア語と英語でニュースを放送する衛星テレビ局）を見たか？　小泉首相は軍隊を送るのをやめて、君たちのような人道支援者を送ることにしたようだぞ」

私たちは顔を見合わせました。そのインタビュー自体を見ていませんでしたが、この人が誤解してしまったようだということはすぐにわかりました。

バグダッドのある小学校でNPOの交流事業を手伝っていたときでした。先生たちの協力もあって、終始和やかに交流事業が進んでいましたが、最後に校長室を訪れたとき、ただならぬ雰囲気が漂っているのを感じました。校長がものすごい剣幕で私たちに文句を言い始めたのです。通訳が口をはさむ間も与えないほどの勢いで、その女性は怒りを露わにします。困惑の表情で私たちを見ていた通訳が、彼女の怒りの理由を説明します。

「なぜ日本はイラクに軍隊を送るのか？　あなたたちはスパイなのではないか？」

日本の自衛隊派遣は、四〇カ国以上が参加する多国籍軍の中で最も注目されました。中東諸国では、日本は「平和ブランド」で知られていました。特にイラクでは一九七〇年代後半から八〇年代まで、いくつもの日本企業が進出していて、日本人が現地の人々とともに汗を流してイラク中の病院や大学などの建物を造ってきたことがより一層、親日家を増やしていました。ところが、自衛隊のイラク派遣は、そうした「平和ブランド」イメージを全面的に覆すインパクトを持っていたのです。

バグダッドでも日本の自衛隊はずいぶんと話題になりました。私も、この校長をはじめ、さまざまな人たちから意見をぶつけられました。「軍服を着た日本人はイラクに来るべきではない」「これまでの日本の評判を落とすな」「軍隊を送れば標的にされるだろう」「イラクは軍隊を必要としていないのに、なぜアメリカの要請で来るのか?」

どの意見も率直で日本の矛盾を鋭く突くものばかりです。イラクには、親日家が多いことに加えて、かつての戦争でアメリカに敗れたという同胞意識やシンパシーを覚えていた人も少なくありません。そうした人たちは、日本を「アジアの友」と認識していただけに、イラク戦争支持や自衛隊派遣に「裏切られた」と深く傷ついたようです。

陸上自衛隊が派遣された地方の小さな町サマワでは、ある意味もっと深刻な事態になっていました。派遣前、自衛隊の姿をまだ見ていないサマワ市民は、日本企業が来ると信じて大盛り上がりでした。就職を期待して引っ越してきたという人たちさえもいました。過熱気味の「ヤバニーヤ(日本人)・フィーバー」に、訪れた日本のメディア関係者や私たちは不安を抱かざるを得ませんでした。

「ヒロシマ、ナガサキ、奇跡の経済成長」はイラクのどこに行っても言われたことですが、この頃のサマワは、話がさらに飛躍して「軍隊のない平和の国」などと語られたりもしていました。

あまりの勘違いに閉口させられましたが、それではまずいだろうと、「企業が来るのではない」と言うと一斉に驚きの声が上がりました。「自衛隊という……（すでに駐留していた）オランダ軍みたいな格好をした……」と私が口ごもると、人々は「日本に軍隊はないはずだ」と納得いかない顔をするばかりです。

当たり前ですが、アラビア語には「自衛隊」などという単語はありません。だから、日本の自衛隊のことも「米軍」や「オランダ軍」と同じように「日本軍」となる。英語で「自衛隊＝Self-Defense Forces」などと説明しても、イラク人にはピンとこない。「武装しているのか？　いや、軍隊は要らない。自衛？　軍隊も自衛だろ？　何が違うんだ？」と理解に苦しんでいる様子です。

これはまずいことになっているのではないか。少なくとも自衛官一人ひとりは、本当に「人道復興支援」のつもりでイラクに赴くにしても、ここではそれは理解されない。米軍追随の軍隊として見られれば、標的になることは避けられないのではないか。北海道の自衛隊の町出身の私は、自衛官の姿を思い出しながら焦り始めていました。

日本人に裏切られた――

そのころ、ファルージャやラマディでは、米軍の残虐非道な行いや無差別な「対テロ攻撃」が続き、多数の民間人死傷者が出ていました。不当逮捕や拷問の被害者、家宅捜索を装った金品強奪まで頻発しており、反米感情は著しく高まっていました。遺族が中心となって組織化された武装勢力による米軍への攻撃も激しくなっていきました。

サマワに自衛隊が派遣された三カ月後の二〇〇四年四月、第1章でも述べたように、米軍はファルージャに総攻撃をしかけました。ファルージャ郊外には避難民が殺到しました。私は、隣国のヨルダンから現地情報を集めていました。バグダッド滞在中の日本人たちや、アンバール県の現地パートナーたちと連絡を取り、これまでの軍事作戦とは規模が違うことを認識しました。バグダッドから戻ってきたばかりのジャーナリストも、ターミナルのドライバーたちもファルージャを大きく迂回するルートを通っていました。

早朝、私は二人の日本人とヨルダンを出発しました。イラク国境を越えればもう砂漠のアンバール県。まっすぐに続くバグダッド・ハイウェイを途中まで走り、ファルージャの手前の町から、他の車両に続いて迂回ルートに入りました。悪路をしばらく進むと、ガソリンスタンドが見えてきました。ほぼすべての車がそこで給油をしながら、情報交換をしている様子でした。

ふと窓の外に目をやると、覆面をした男性がRPG（ロケット砲）を担いで私たちの車に向かってきました。私の心臓は激しく鼓動しました。その男性は私たちの車のドライバーに質問しはじめます。聞き取れたアラビア語からは、私たちの国籍を確認していることがすぐにわかりました。日本人であることを知った、その男性は私たちを睨《にら》みつける。ドライバーが車を降りて、男性を抱きしめながら一生懸命になだめようとする。しかし、その男性はドライバーを振り切って走り去っていきました。

すると、給油待ちをしていた人たちがわらわらと私たちの車を囲み、険しい顔つきで何かをまくしたててくる。聞き取れたアラビア語は「なぜ?」「日本の軍」。そして、首をかき切る仕草。

あんなに親日家ぞろいだったイラクの人たちが、日本に裏切られたという思いをここまで強く持ってしまった——。必死に弁解するも、人々の怒りが鎮まる様子はありません。

戻ってきた戦闘員たちに手榴弾を突き付けられ、私たちは車から降ろされると、両手を縛られ、目隠しをされて、連れ去られていきました。

同じ人間として

最初の三日間は何カ所もたらい回しにされて、スパイ容疑の尋問が続きました。一緒に拘束された男性二人は、私よりも手荒な扱いをされていたようで、頭を叩かれたり、蹴られたりしている音がしました。途中からは、人家の少ない砂漠の中の小さな建物に軟禁されました。窓が塞《ふさ》がれた暗い部屋に閉じ込められていると、だんだんと「もう助からない」という気になってきます。三人でお互いに励まし合いながら、届かない声を静かな祈りに換えていくばかりです。

自衛隊撤退の人質になっていたことを知ったのは、解放されてバグダッドの日本大使館に着いてからでした。解放された安堵感より、その事実を知ったショックの方が大きかった。「自衛隊の町」出身の私にふりかかった最悪の運命だったからです。

私たちを拘束した地元の抵抗勢力は、小さな子どもたちが殺されたと何度もジェスチャーを繰り返していました。私は、これまでそうした被害をファルージャでいくつも見てきましたし、その怒りを理解できるとも伝えました。そして、あなたたちのやっていることはあなたたちが憎む米軍兵士と同じことだとも付け加えました。それでは、国際社会はあなたたちに味方しない、逆に米軍にさらなる攻撃の理由を与えるだけだ、とも訴えました。

武装勢力の幹部の一人と思われる男性は、英語を上手に話し、私たちの宗教について聞いてきました。ブッシュ大統領が「十字軍」という言葉を使ってイラク攻撃をしたことが、彼らの頭にはあったのでしょう。私たちはみな仏教徒だと答えました。

「私たちと一カ月一緒にいれば、あなたはイスラム教徒になるだろう」とその男性は言います。

私は「あなたがもし私と一緒に一カ月過ごしたら、私はあなたにイスラム教徒のままでいてくださいと言います」と返します。男の通訳を聞いた戦闘員たちは「英語を話すのはスパイに違いない」と殺気立ちましたが、私にはどうしても彼らに伝えたいことがありました。

「私は日本で生まれ、仏教に根ざした環境の中で、日本語で育てられた。あなたはイラクに生まれ、イスラム文化の中でアラビア語で育った。しかし、私たちは同じ人間です。目、鼻、口、手、足どれも同じです。違うのは言葉だけです。その違いを乗り越え、世界中に友人をつくるために私は必死に英語を勉強しました。そして今、私はあなたと英語で会話をしている」

幹部らしき男性は周りの戦闘員たちに通訳をし、その会話は一旦そこで終わりました。

しばらくして戦闘員たちがいなくなり、一人の重武装した男性が見張りで残りました。彼は「おまえの首にかけているものはなんだ?」と聞いてきました。それは、出発直前に北海道のアイヌ民族の友だちがくれた「イケマ」というお守りでした。友人はイケマを二つくれて、一つは私に、もう一つはイラクで最初に友人になった人にあげてくれと言っていました。

見張りの男性に、「これは友だちという意味だ」とアラビア語で説明し、イケマを差し出します。男性は笑顔になってそれを受け取り、自分の首にかけます。そして、部屋を出入りする仲間たちに「これは友だちの証なんだってよ」と得意げに説明していました。

「友だちになれるだろうか？」

解放直前、私は別の英語を話す戦闘員とじっくり話をする機会を得ました。戦闘員らしくなく、比較的穏やかな口調で話すこの男性は、「我々にはもうこれしか方法がないんだ」と繰り返していました。私は、気持ちはわかるが、このままでは「負の連鎖」から抜け出せないし、あなたの愛する人たちがもっと傷つくだけだと訴えました。「他に方法がない」と繰り返す彼にあきらめてほしくなくて、ラマディのカーシムの話をしました。

カーシムは、イラク戦争中は旧イラク軍兵士だった。出会ったばかりのころは、アメリカにも国際社会にも怒りと憎しみをあらわにしていましたが、私と一緒に緊急支援物資を病院に運んだりしているうちに少しずつ変化していきました。医師たちは彼が手渡した医療物資で「これでまともな医療行為ができる」と喜び、粉ミルクを受け取った母親たちは彼に何度も感謝の言葉を述べました。そして、カーシムはついにこんなことを言うようになります。

「ずっと武器を持って戦うことが人々を守ることだと信じてきたが、武器を持っていても僕は愛する人たちを失った。人々を守るためには両手は開けておかないといけないんだね」

戦闘員は手に持っていた銃を床に置き、両膝を抱えて下を向いたまま私の話を黙って聞いていました。

「君と友だちになれるだろうか？」

顔を上げてそう言った男性の目にはうっすら涙が浮かんでいました。

「友だちだと思っているから私はイラクに来たんだ。友だちだから、あなたにこの話をしてるんだ。あなたがカーシムと出会い、この話の続きをしてくれることを強く望む。あなたが他の方法を探すと言うなら、私は喜んでその手伝いをする」と全身全霊で伝えました。

この会話の後、私たちは解放されることになったのです。私が車に乗せられる直前、その男性は「あなたのお母さんと妹さんに」とファルージャ特産のハチミツの瓶をくれました。それは、とても美しい金色をしていました。私が右手を差し出すと、彼は少し戸惑ってからクーフィーヤ（アラブの男性が頭に巻く大きなスカーフ）を手に巻いて、私の握手を受け入れました。

解放後、保護されたモスクでメディアのインタビューを受けながら、この全身全霊をかけた対話を思い出していました。「イラク人を嫌いになれない」と言葉に出したら、涙があふれ止まりませんでした。

こんな対話が可能だったのは、地元の遺族からなる抵抗勢力系武装勢力だったからだろうと思います。私自身がファルージャに密着して仕事をしていたことも信用してもらえた理由かもしれません。もしこれが、アルカーイダ系武装勢力であったならこうはいかなかったのではないか。ましてや、アルカーイダ系がさらに過激化したＩＳに話が通じるとはまったく思えません。

私たちの拘束事件以降、連続して外国人の誘拐が発生しました。いずれも、その国の軍の撤退を要求するものでした。二〇〇四年一〇月、日本人青年が「イラク聖戦アルカーイダ」により誘拐、殺害され、遺体がアメリカ国旗に包まれていたことも第1章で述べました。

自衛隊のイラク派遣は、日本人が思っている以上に深刻な日本の転換点だったのだと感じます。二〇〇四年一月、オランダ軍に護衛されて、クウェートからイラク入りした武装姿の日本人は、イラク人の目を釘付けにしました。いや、中東諸国、イスラム社会全体に衝撃を与えたと言っても過言ではないでしょう。日本に対する「美しき誤解」は正されました。そしてイラクの友は、私にこう言いました。「日本がアメリカ追随の国だということがよくわかったよ」。

「知らなかった」でよいのか

解放されて帰国すると、私たちは激しいバッシングの嵐に見舞われました。武器を持ったイラク人には殺されなかった。でも、武器を持たない同胞には「殺され」てしまった。それ以来、私の命題は「殺意はなぜ生まれるのか」「憎しみはなぜ生まれるのか」というものとなりました。殺し、殺された人たちとの交流を続けながら、壊れた多くの心の再建を目指して、イラク支援を続けてきました。

現在もイラクから帰国後、日本でイラク情勢報告会を重ねています。でも、私の報告に「そんなひどい状況が起きていることを初めて知った」「いままで知らなかった」と言われ、愕然《がくぜん》とさせられることが何度もあります。イラクと同じく中東のシリアやイエメンでは、いまも激しい戦争が続いています。「テロ」が拡散した国際社会では、「第三次世界大戦の状況にある」とさえ言われているのに、この島国には、その情報は届いていない。もはや「情報鎖国」というしかない状況にあるのではないでしょうか。

「知らなかった」ということは、イラク戦争のように、自分たちの国が深く戦争に関わっているのに、そのことに無自覚であることを示しています。少なくとも、自分たちの国の行為によって、他国の人が苦しめられている現実を知り、見つめることは、自分たちの責任でもあるのではないでしょうか。「知らなかった」からは、行動を起こす気持ちも生まれません。

日本が「情報鎖国」にある以上、私たちは、日本の姿が他国にどう映っているかを知りません。そこからは、自分の国をどのようにしていくか、という発想も生まれません。しかも、いま、外から見た日本の姿と、自国が考える日本の姿のギャップが大きく広がっています。そのことに多くの日本人は無自覚です。こうした状況がどういうことをもたらしているのか、それについて次の章で見ていきたいと思います。

第３章　イラクから見る日本

イラク戦争によって、イラクにもたらされた暴力の連鎖。アメリカが「終結宣言」を出したところで、あるいは、イラク政府がＩＳへの「勝利宣言」を出したところで、暴力の連鎖が簡単に絶ち切られることはありません。第１章でも見たように、戦争が人々の心と体に残した傷跡は、簡単に消えることはありません。そして、破壊し尽くされた町が、いつになったら復興できるのかもわかりません。

しかも、「対テロ戦争」の名目で始められたイラク戦争は、むしろテロ戦争を世界中に引き起こす契機となってしまったといえるでしょう。いま、世界各地で紛争が起き、「第三次世界大戦」を迎えているとさえいわれています。ヨーロッパでは、ＩＳなどの過激派組織と接触して、自分の生まれ育った国・地域でテロを起こす「ホームグロウン・テロ」などによる事件が続いています。一人でも戦争を起こすことのできる時代。戦争の形態自体も大きく変わってきています。

しかし、こうした世界の動きに、日本の人々の関心は薄いように思います。いったい、それはなぜなのでしょうか。この章では、私が見てきた戦争の本質を伝えながら、日本の現状について、特に外から見た日本について考えてみたいと思います。

戦争に勝者はいない

イラク戦争で、イラクの人は傷つけられたり、命を奪われたり、また町は大きく破壊されてしまいました。「対テロ戦争」の最大の犠牲者は、イラクにほかなりません。では、イラク戦争を主導したアメリカは、戦争の勝者なのでしょうか。

そうではない、と私は考えます。戦争には勝者はいない。私は、そう実感します。なぜなら、イラクに大きな被害をもたらした加害者である米兵も大きな傷を負っているからです。

戦争がもたらすトラウマ（戦争トラウマ）に関心を持ったのは、二〇〇四年のことです。その年の終わりごろ、イラクの現地報告の講演会を長崎県で開催することになったのですが、イラク派遣から帰還した一人の米兵も登壇しました。

大きな体つきの男性なのに、憔悴《しょうすい》しきって、精神的にボロボロになってしまっているように見えました。講演をしている間も、付き添いの妻がずっと手を握っていました。

彼は、罪のないイラク人の家族を殺してしまった、と語りました。検問所でパトロールをしているときに、乗用車が近づいてきた。手をグーにするサインを出して、「止まれ」の合図を送った。車は速度を緩めたが、停止しないので、彼も危険を感じて、銃でダダダダッと撃った。乗用車の中を見ると、イラク人の普通の家族が血を流して死んでいた――。

おそらく、グーのサインは、米軍だけに通じるミリタリー・サインで、イラク人には、その合図の意味がわからなかったのでしょう。

私にも、こんな経験があります。イラクでの支援活動を終えて、陸路でヨルダンに帰る途中での出来事です。イラクとヨルダンの国境に差しかかったところ、タクシーが並んで渋滞しています。米兵が大声を上げて何か怒鳴っているのですが、事情がよくわかりません。米兵は、手のひらを上に向けて、怒鳴りながらジェスチャーを行っていますが、意味がまったく理解できない。そのうち、車のボンネットをマシンガンの銃床でガンガンと叩き出しました。私は、これはまずいと思いました。銃を撃ったりでもしたら、大惨事になる。

私は車を降りて、「ミスター！」と米兵に声をかけました。そして、米兵に英語で話を聞いてみました。要するに、米兵は車を後ろに下げるようにと、さかんに指示を出していたのです。私は、運転手たちにそのことをアラビア語で伝え、彼らも納得して、車を後ろに下げ、何とか事なきを得ました。

検問所でミスコミュニケーションが原因でもめてしまうトラブルは、イラクではたくさん起きていました。米兵にも恐怖心があるので、過剰に自分の身を守ろうとして、イラク人をとっさに殺してしまう、ということが起きやすいのです。

同じ講演会で登壇した先述の米兵は、自分がやったことに大きなショックを受けて、精神的に病んでしまったのです。軍隊では、どんなことが起きても、精神的なショックを受けないように訓練を受けています。人を殺して動揺していては、兵士として任務を遂行することはできません。ある意味、人間性を削ぎ落としていく訓練を受けるわけです。しかし、そうであっても、実際の戦場で、ひどい惨事を目にすれば、ましてや、自分がその惨事を招いてしまったとなれば、精神的なショックを受けてしまうことは少なくないでしょう。しかも、イラクでは、それだけの惨劇が繰り広げられていたのです。

この講演会での出来事が、私にとっては、戦争トラウマに苦しむ兵士に出会った最初のことでした。その数年後、人づてに彼がアルコール依存症になり、離婚したと聞きました。

アメリカ帰還兵の苦しみ

戦争は、被害者だけでなく、加害者の心も身体もむしばんでしまう。

この米兵との出会いから、PTSD(心的外傷後ストレス障害)に苦しむ米軍のイラク帰還兵がたくさんいることを知るようになります。

二〇〇五年、イラク支援の仲間とともにアメリカに渡り、ニューヨークを中心に、イラク報告会を行いました。私たちは、ニューヨークで帰還兵専門の病院を訪れました。これは、退役軍人省の管轄下にある公的な病院です。

病院入り口の厳重なセキュリティ・チェックを通過して院内に入ると、手足を失った人たちが歩行器や車椅子で廊下を移動したりしているのが見えました。驚いたのは、若い人からお年寄りまで、いろんな世代の人がいたことです。取材に応じてくれたカウンセラーは「第二次世界大戦、朝鮮戦争、ベトナム戦争、アフガン、イラク、あらゆる戦争の帰還兵だ」と説明してくれました。

そして、身体リハビリだけでなく、心のケアに通う帰還兵もあらゆる世代にわたっていることも教えられました。テレビで生中継されたイラク戦争が引き金となってPTSDの症状が出た高齢の帰還兵もいるとのこと。さまざまなワークショップなども行われており、離婚問題、ドラッグやアルコール依存症、不眠、幻覚や幻聴など、テーマも多岐にわたっていました。

映画『ランボー』に憧れるマッチョ系男子だったある帰還兵は、戦場の真ん中に立って、初めて、映画や演習場と違うということを認識したと、私たちに話してくれました。第1章でも述べた、イラク戦争史上最も多くの民間人死傷者を出したファルージャ総攻撃の記憶は、彼に「モラル・インジャリー(良心の傷)」を負わせたのです。

軍隊では「人を殺したくない」は軍法違反になります。そうした軍法と良心の折り合いがつかず苦しむ兵士たちが大勢います。軍隊にはカウンセリングがありますが、兵士を再び戦場に戻れるようにするのが目的なので、「良心」はさらに傷つき、症状が悪化します。

敵が誰なのかわかりにくい「対テロ戦争」は、罪のない民間人を殺してしまう可能性が非常に高くなります。イラクやアフガニスタンの帰還兵の自殺率が非常に高いのは、そのことと関係していると考えられています。また、ベトナム戦争やイラク戦争などでは大きな反戦運動があり、それが兵士を追い詰めていったともいわれています。

話を聞いた帰還兵たちは、私がイラク人質事件の当事者だと知るとすかさず、「眠れているか？　悪い夢は見ていないか？」と聞いてきました。不眠、悪夢、孤立感、フラッシュバック……。確かに自分自身の症状と重なりました。それを知った彼らは、なぜだかほっとしたような顔をします。おそらく、親や配偶者にも伝えられない、理解されない「地獄」を私と共有できると思ったからなのでしょう。

自衛官とＰＴＳＤ

私は北海道千歳市出身です。千歳には自衛隊駐屯地（北千歳駐屯地、東千歳駐屯地、航空自衛隊千歳基地）があり、幼いころから戦車や戦闘機を見て育ってきました。小学生の時は、自衛隊の演習場で体育の授業を行ったりもしていました。

二〇〇三年にイラク特措法が成立し、イラクという戦場に、陸上自衛隊が初めて派遣されて以降、一四年の集団的自衛権の行使容認、一五年に成立した安保法制などにより、自衛隊の活動・任務の範囲や内容も大きく変わってきました。海外で活動するようになっただけではなく、戦場における通常の軍隊と変わらない任務を負うような形へと変容してきています。

実際、二〇一七年に、自衛隊の活動を記した「日報」の隠蔽問題が騒がれた南スーダンＰＫＯでは、陸上自衛隊が派遣された首都ジュバで、一三年、政府と反政府勢力による大規模な戦闘が発生し、自衛隊が巻き込まれる可能性は十分にありました。南スーダンへは、私の地元の北部方面隊と東北方面隊の自衛隊が、ローテーションで派遣されていました。一七年四月末までには、施設部隊は撤退しましたが、イラク派遣の時と同様、帰国後に自殺したケースが複数あるようです。内一名は演習場内での自殺だったと聞いています。

自衛隊の町で育ってきた私としては、自衛官に今後、どんなことが起きるのか、とても心配でなりません。アメリカで見た帰還兵のようにＰＴＳＤにさいなまれる自衛官が、日本でも増えていくのではないか。

そんな心配を覚えた私は、自衛官などの戦争トラウマがどの程度、深刻化しているのか調べようとしました。しかし、調べようとしても資料が、まったくといってよいほどないことに突き当たりました。それは、戦後の日本国憲法のもとで、曲がりなりにも、武力の保持・行使が禁じられてきたことが大きかったのでしょう。建前からすれば、戦争トラウマが発生する可能性は、かなり低いはずでした。なので、精神科医が日本で臨床を行うことも、基本的にはなかったのです。また、旧日本軍兵士の戦争トラウマに関しては、「皇軍には戦争神経症はなし」と強調する土壌があり、戦争のトラウマに苦しむ患者のカルテは焼却するよう命令されていたという背景もあります。近年、八〇〇〇人以上の患者のカルテが残っていることがわかり、ようやく研究が始まったところです。

私は、知人の精神科医である蟻塚亮二《ありつかりょうじ》先生に相談してみました。蟻塚先生は、沖縄戦争を経験した人たちが、その後、だいぶ経ってからも晩発性のＰＴＳＤを発症していることを発見した方です。二〇一一年三月一一日の東日本大震災以降は、福島でクリニックを開き、震災や原発事故による精神的な被害について診察を行っています。

蟻塚先生のお話によると、日本では、戦争トラウマについての研究はあまりなされておらず、少数ではあるが、旧日本軍の兵士の戦争トラウマについて研究している人がいる、ということでした。

イラクに派遣された自衛官が自殺するケースが多いということは、これまでも時折、話題にはなっていました。そうした状況なども背景に、防衛省もメンタルヘルスケアに力を入れています。私は、民間でもそうしたケアを行う組織が必要ではないか、と考え、戦争トラウマを研究していたり、あるいは、関心を持っていたりする精神科医、研究者、ジャーナリストなどに個別に声をかけていき、二〇一七年、三二人から成る「海外派遣自衛官と家族の健康を考える会」という組織を立ち上げました。

自衛官本人が、この会に相談してくるということは、なかなか難しいかもしれません。なぜなら、本人には自覚症状がなかったり、あるいは心身の不調を感じたとしても、その原因がはっきりしなかったりするからです。また、相談すること自体が〝女々《めめ》しい〟とされる風潮が組織内に根強くあります。なので、周囲が異変に気づいてあげることが大切です。しかし、そのこともまた簡単ではありません。周囲に、そうした知識や理解がないために、PTSDではなく、うつ病とされてしまうことが多いのです。

まだ着手したばかりの活動ですが、自衛隊の活動が大きく変質していく中で、私たちのような組織の役割が重要になってくるのではないか、と感じています。

「武器輸出解禁」をめぐるギャップ

これまで、自衛官が戦闘に直接参加し、相手を殺傷したり、自分たちが殺傷されたり、ということはありませんでした。しかし、ここまで見てきたように、自衛隊の活動はどんどん戦争へと近づいてきています。米兵が発症したのと同じように、自衛官もPTSDを発症しているかもしれない。事態はそこまで深刻化しています。

ところが、日本では、自分たちの国がそうした状況に大きく変化していることを自覚している人はとても少ないように思います。イラク支援を続けてきた私は、日本の外から、こうした大きな変化を見つめてきました。そして、イラクをはじめとする他国の人々は、こうした日本の変化を、日本人以上に敏感に感じとっているように思えます。

二〇一四年、安倍政権は「防衛装備移転三原則」を閣議決定し、戦後、日本が守ってきた「武器輸出三原則」を大幅に緩和しました。武器輸出を事実上、解禁したのです。こうしたニュースも、日本国内では、ともすると経済ニュースとして扱われます。これまで自衛隊にのみ武器を売ってきた企業が、海外にもマーケットを広げることができるようになった、といった具合です。

武器を海外に売るということが、いったいどういうことなのか。私は、そのことを恐怖とともに受け止めざるを得ません。

イラクでＩＳが台頭してきたことで、現地では武器を求める声が日増しに大きくなっていきました。たとえば、少数民族の人たちの間では、政府が守ってくれることを期待できないのなら、自分たちで武器を持って戦うしかない、といった声が聞かれたりしていました。シリアでも同様ですし、あるいは紛争地となっていない周辺国のヨルダンなどでも、「テロ対策」で国境警備を強化しているため、軍事費が増加しています。

こうした状況の中で、日本の「武器輸出解禁」というニュースがイラクで報道されているのを見て、私は背筋が寒くなる思いをしました。イギリスのＢＢＣも、アルジャジーラなど中東圏のメディアもトップ扱いで報道していました。しかも、「日本は軍事大国へと向かっている」といったニュアンスです。

すでに述べてきたように、イラクでは、多くの民間人が戦闘に巻き込まれて命を落としています。私の友人の、イラクの病院スタッフなどからは、戦争で破壊された現地の様子をスマートフォンで撮影した写真や短い映像が、頻繁に私のもとに送られてきます。病院が破壊された跡に、地面に刺さったミサイルの残骸の画像などもあります。「このミサイルはヘルファイア・ミサイルだ」といったメッセージが添えられています。

それ以前に、アメリカが「ヘルファイア・ミサイル」を大量にイラクに輸出したといったニュースが流れていたことが、ここで結びつくのです。病院スタッフたちは、「攻撃しているのはイラク軍だが、兵器はアメリカからもたらされたものだ」と気づかされます。現地の人たちは、その兵器がどこから持ち込まれたものなのかを、注意深く見ています。もし、自分たちの病院や民家が破壊され、仲間が殺されて、その兵器が日本製だったとしたら――。

「武器輸出解禁」は、単なる経済ニュースではありません。紛争地から見れば、人の命に関わる深刻な問題なのです。でも、そのことを、日本人はどれだけ真剣に受け止めているでしょうか。

「対テロ戦争」に向けて、毎年、武器展示会が世界各地で開催されています。ロンドンやパリ、さらにはバグダッドでは毎年開催されていますし、神奈川県のパシフィコ横浜(二〇一五年五月)や、千葉県の幕張メッセ(二〇一七年六月)でも開催されています。二〇一七年三月にバグダッドで開催された展示会には、日本の企業も出展しました。イラク人なら誰でも知っているトヨタ、日産などです。展示会の見取り図には、ひときわ大きなブース面積に社名が大きく載っています。とうとうここまで来たか、と私は怖くなりました。しかし、こうしたことも、日本国内ではほとんど知られていません。

自分たちが送り出した自衛隊への無関心

日本にいると、自分たちの国が外からどのように見られているのかについて、よくわからなくなります。外から見た日本と、日本人が意識する日本では、大きくギャップがあります。そして、そのギャップはどんどん広がっているように思えてなりません。ギャップが広がっていく契機をつくったのが、イラク戦争だったのではないかと私は考えます。

第２章で見たように、サマワに自衛隊が派遣されて来るとき、イラク人は企業が来るのかと思い込んでいました。しかし、実際には「軍隊」がやって来て、多くの人が戸惑い、失望しました。

二〇〇四年一月には、北海道の旭川駐屯地から陸上自衛隊の先遣隊がクウェートに派遣される際、当時の小泉純一郎首相が駐屯地を訪れ、隊旗授与式に出席して訓示を述べた様子や、隊員らが千歳空港から家族などに見送られてクウェートに旅立っていく様子が、当時の日本のメディアでも大きく報道されました。

しかし、その後、二〇〇九年二月に派遣業務を終えるまでに、イラクでの自衛隊の活動がどれだけ報道されてきたでしょうか。私は、ヨルダンの英字新聞で「日本の熊本県から自衛隊がイラクに派遣されてきた」といった記事を読んだことがあります。中東圏では、日本の活動はずっと注目され続けていました。ところが、同じころ、日本では「え？　まだイラクで活動していたの？」「派遣されていたことさえも忘れていた」といった反応が大方でした。

自衛隊の活動は「人道復興支援」と呼ばれ、給水活動を主にやっていたことを覚えている日本人は少なくないかもしれません。しかし、その活動の実態がどうだったのか、現地でどのような役割を担ったのか、といったことについては、ほとんど知られていないでしょう。「人道復興支援」だから、「いいこと」をやった。戦争には参加しなかった。そうした漠然としたイメージだけでとらえられてしまっていないでしょうか。

「人道復興支援」は、支援を受ける側が何を必要としているかが大切な基本となります。これは、震災などにおけるボランティア活動でも同じです。被害を受けている側が必要としているものを届けなければなりません。

当時、サマワの人たちが一番必要としていたのは、実は水ではなく電気でした。私も「電気はどうした?」とよく声をかけられましたし、派遣されていた自衛隊員に聞いても、同じように何度も言われたそうです。

また自衛隊員は、ローテーションにより数カ月単位で派遣されていましたが、その期間の滞在中、宿営地の外に出たのは数回だけだったそうです。防衛省の要請により、給水活動を行うトラックや装甲車などに、大きく日の丸が付けられました。戦闘行動を行っている米軍と、「人道復興支援」を行っている自衛隊との差別化が目的だったようです。他の軍隊は、わざわざこうしたことをしていません。軍隊ではなく、「平和の国ニッポン」からやってきた自衛隊である、と強調する意図があったのでしょう。しかし、自衛隊員に聞いてみると「狙撃の的にされるのではないか、と恐ろしかった」と言います。

実際、自衛隊の宿営地には迫撃砲が、一三回・二二発撃ちこまれています。企業ではなく、なぜ軍隊が来たのか。電気がほしいのに、なぜ水を配っているのだ。ニーズが満たされないことに対する苛立《いらだ》ちが、現地の人たちの反発を招いてしまったことは否めないでしょう。米軍に追随していることに反発して武装する勢力とは別に、一般市民の間にも不満が広がっていたのを、私も感じていました。

自衛隊員の宿舎と外部との間には、一キロ程度の空間を設けており、迫撃砲はそこに着弾しているので、宿舎自体が破壊されたわけではありません。それでも、着弾による振動は大きく、夜、眠れない時もあった、と自衛隊員は話してくれました。

戦争に加担したことを検証しない日本

イラクでの活動は、陸上自衛隊によるサマワでの「人道復興支援」だけではありません。むしろメインの活動は、航空自衛隊による輸送活動でした。こちらについては、取材が規制され、報道されることがさらに少なかったのです。市民が、その活動について情報公開請求をしても、黒塗りにされた報告書が二回、出されたのみでした。二〇〇九年に民主党政権が成立し、再度、情報公開請求を行ったところ、黒塗り部分がなくなり、活動の実態が公開されました。

それによると、航空自衛隊の輸送活動の約七割は、米軍とその武器を、クウェートからバグダッドへと運ぶことだったのです。日本では「後方支援」とされていましたが、軍事用語では「兵《へい》站《たん》」と呼ばれ、軍事活動の一環になります。

自衛隊のイラク派遣の差し止めを求める市民らによる集団訴訟で、名古屋高裁は二〇〇八年、その活動の実態を「現代戦において輸送等の補給活動も戦闘行為の重要な要素だ」と述べ、憲法九条に違反しているとする判決を出しています(最高裁に上告せず確定)。

第1章で述べたように、イラク戦争を主導したアメリカも、イギリスも、イラク戦争について時間をかけて検証を行い、誤った判断に基づいた戦争であったことを認めています。しかし日本では、その検証はまったくといっていいほどなされていません。小泉首相は、国会での追及に対して最後まで、「あの時点では、大量破壊兵器はないと証明する機会をイラクに与えたにもかかわらず、(証明することを)しなかった。(大量破壊兵器が)あると想定しても不思議ではない」(第一六四回国会衆院予算委員会)などと答弁し、誤りを認めようとはしませんでした。こうした対応は、その後の政権でも続きました。

二〇〇九年、私は、援助団体スタッフやジャーナリスト、研究者などとともに「イラク戦争の検証を求めるネットワーク」を立ち上げました。イラク戦争に党として反対していた民主党へと政権交代がなされた時期だったので、自民党政権によるイラク戦争支持や自衛隊派遣について、検証を進めてくれるのではないか、という期待もありました。

しかし、二〇一二年に外務省が出した報告は、とても検証と呼べるものではありませんでした。A4判でわずか一七ページ(概要版は四ページ)のレポートであり、しかも報告書全文は「各国との信頼を損なう」との理由で非公表。概要版では、「イラクが大量破壊兵器を隠し持っている」と信じ込んだ経緯に関し「存在しないと証明する情報がなかった」などと結論づけています。

いま、安倍晋三首相は、憲法九条を改正して、自衛隊を明文化すべきだと主張しています。しかし、自分たちが積極的に支持し、協力したイラク戦争が何をもたらしたのか、自分たちが送り出した自衛隊の活動の意味とは何だったのかを、まずはきちんと検証することが先ではないでしょうか。きちんと検証せずに、自衛隊の軍事的な活動ばかりが拡大していくことは、日本にとっても、世界にとっても危機でしかありません。どんなに建前が正しくても、その活動が間違っていれば、それは失敗でしかありません。

自分たちが支持したイラク戦争が、イラクに何をもたらしたのか。「人道復興支援」が、イラクの人たちの役に立ったのか。こうした自らの行為を検証しなければ、自らの失敗に気づくこともできません。他国を傷つけ、他国から敵視される国へと突き進むことになりかねません。

「平和主義者の戦争」

イラク戦争とは何だったのか、何をもたらしたのか、日本は他国にどう映っているのか。そのことにきちんと向き合うべきなのは、安倍首相や憲法改正を唱えている人たちだけではありません。平和な世界を目指すために、「『平和憲法』を護ろう」と主張している側にもいえることです。「平和憲法」という建前があるために、かえって、日本の人たちが自己満足に陥り、内向的になってしまっているとしたら、それはとても大きな問題だと思います。外から見た日本と、自分たちが考える日本との大きなギャップも、ますます見えなくなってしまうでしょう。実際、すでに「平和の国ニッポン」のイメージは、大きく崩れてきています。そのことを痛感させられる、こんな出来事がありました。

二〇一六年、私は、UAE（アラブ首長国連邦）のドバイ近郊にあるアメリカン大学で「平和構築という生き方」との演題で講義をする機会に恵まれました。大きなスクリーンのある会場には、予想をはるかに上回る九〇人以上のアラブ人学生が参加しました。中にはシリアから逃れてきたという男子学生もいます。

質疑応答の時間、そのシリアからの学生がこんな質問をしてきました。

「第二次世界大戦後、日本は急激な経済成長を遂げています。母国シリアのこれからを考えるうえで参考にしたいので、その理由を教えてください」

待ってました！　それこそ日本人として、ここは自信を持って「平和憲法」のもたらした恩恵について答えておきたいところです。

「いくつかの理由は考えられると思いますが、一つは憲法が新しくなって、人々が戦争ではなく経済に集中できる環境に変わったことが大きいと思います」

予習バッチリなのか学生たちはうなずいています。私はさらに続けました。

「いわゆる「平和憲法」は日本の人々を戦争から遠ざけてきましたが、一方でここ最近は矛盾が露呈してきていることも事実です」

学生たちが大きくうなずいている。その反応に、私の心がざわつきます。

彼らは日本のことを知っている。この一五年間、国際ニュースに登場する日本はどれも「軍事的」で、迷彩服を着た日本人は何度も登場してきました。「人道支援」や「復興支援」という聞こえが良い言葉を使っても、日本がどんなふうに戦争と関わってきたのかをメディアを通して、あるいは実体験として見てきたのです。イラクの五〇代以上が固く信じてきた「軍隊のない日本」は幻だったことを、この世代は最初から知っているのです。

「日本の学生よりも皆さんの方がよく知っているようですね」と苦笑する私。日本は国際情勢のニュースが他国に比べて圧倒的に少ない「情報鎖国」状態であることを少し述べました。それについては、日本で教鞭をとっていた教授がすでに事前に授業で話していたらしく、学生たちは驚きというより「なぜ日本人は国際情勢に興味がないのか？」という質問の方が多く出ました。

それにしても、アラブの若い世代に「平和の国ニッポン」を「過去形」で語られるというのは衝撃とともに、「秘密がばれた」ような羞恥心、諦めの心情まで入り混じったなんとも複雑な気持ちがしました。そして、日本国内で広がっている「戦争しない国を守ろう」という護憲スローガンとのギャップに、さらなる落胆と焦燥感を覚えました。

「平和の国」というイメージがもはや過去のものであるなら、今の日本を表すキーワードは何でしょうか。アルジャジーラは、二〇一三年に『平和主義者の戦争』というドキュメンタリーを放送しました。美しい日本の富士山をバックに記者が立ち、傍で陸上自衛隊員が演習のためのフェイス・ペイントを施す画から始まります。匍匐《ほふく》前進、パラシュート、戦車、戦闘機、旭日旗はためく護衛艦を映し出しながら、中国や北朝鮮の脅威、日本国憲法についての説明が続きます。そして、「戦争放棄」を明記した憲法九条についての議論が起きていることが紹介されるというものでした。当時は、何度も再放送されていたので、それこそワールドワイドに「真の日本の姿」が届けられたことでしょう。

私は、日本での報告会などで、たびたびこの番組を紹介しますが、旭日旗を見るまで「中国軍かと思った」とか「日本の自衛隊ってこんな感じなの!?」との感想が出されます。日本国内では、自衛隊＝災害救助のイメージが強いからでしょう。日本人が思う「日本」より、外から見る「日本」はもっと軍事的なのです。平和の国を標榜しながら米軍の後方支援をする。アルジャジーラのつけたタイトルはまさに言い得て妙というものでした。

日本が堅持してきた武器輸出三原則の緩和は世界のトップニュースとなり、自衛隊のイメージ映像とともに世界中に流されたことも、すでに述べました。日本国内では経済ニュースとして流れることが多いのかもしれません。しかし、このビジネスに参入するなら、実際の戦場で武器によって血を流す人々が、「死の商人」がどこから来るか見ていることを知っておかなければなりません。

安保法案は「第二次世界大戦以降、初めての海外で戦闘できる法案」と説明がつき、強行採決された時は「平和主義から軍国主義へ」「平和主義を棄てた日本」というセンセーショナルな見出しで報じられました。イラクでこのニュースを見たとき、日本はすっかり「普通の国」になってしまったと感じました。

護憲はゴールではない

UNHCR(国際連合難民高等弁務官事務所)の報告によると、紛争や災害によって家を追われる人の数は二〇一七年末に六八五〇万人にのぼり、過去最多を記録しています。地球上の一一〇人に一人が難民か国内避難民、もしくは庇護申請者というかつてない深刻な状況にあります。

自衛隊がＰＫＯで派遣されていた南スーダンも、当時、「民族大虐殺の瀬戸際」といわれており、難民は一〇〇万人を突破していました。二〇一七年、派遣部隊に「駆け付け警護」と「宿営地の共同防護」という戦闘可能な任務も付与されたので、日本でも、そのことについてのニュースは多く報道されました。

その一方で、南スーダンの人々の窮状はどのくらい報じられたでしょうか。人口一三〇〇万人のうち一〇〇万人が難民で、政府軍も含めて虐殺を起こしかねないと懸念される中、誰に助けを求めればいいのか。二〇一七年、派遣隊の活動の記録である「日報」が隠蔽されていたことが発覚し、その追及を逃れるかのように、突然、撤収宣言が出されました。自衛隊を撤退すべきか、いやすべきでない、という議論の中で、人道的な視点で南スーダンの状況を考える姿勢が、完全に抜け落ちていたのではないでしょうか。

私は、武力行使で「テロ」が撲滅されるとも、平和のための解決ができるとも思っていません。そのことは、イラク戦争後の世界を見れば明らかです。同時に、もう一つ明らかなことは、武力行使を否定するなら、泥沼になる前に手を打たなければならないということです。

イラクの人々に「この殺戮を止めてください」と何度も訴えられながら、私たちは止める術を持ちませんでした。「平和の国」として愛されてきた日本に何ができるのか？　「戦争をしない国」を守っているだけでよいのか？　巻き込まれなければいいのか？

「平和憲法」を本気で護ろうというのであれば、逆説的ではあるけれど、護憲をゴールにしないことが大切だと考えます。

憲法は、「日本がどうあるべきか」という国の理念を示したものです。「戦争をしない」という誓いは何よりも尊い。でも、その誓いはけっして自己満足で済ませてはならないと思うのです。日本は、「戦争をしない国」から一歩先に進んで「戦争を止める国」になるべきではないでしょうか。そして「戦争をしない」という尊い誓いを現実の国際世界で実践していくのなら、資金だけでなく非政府の人道支援者を多く輩出する「人道支援の先進国」を目指すべきだと思います。

日本の開発系の国際協力は定評があります。けれど、外務省と防衛省が「人道復興支援」として行ってきたことは、あまりにも政治に利用されすぎてきました。その結果、イラクの人々を傷つけることになり、日本国民も「安全」とはほど遠いところに連れてこられてしまいました。もし、政治に左右されない、真の人道支援で国際社会に貢献できていたら――。

いま、私が心から願うことは、日本が「人道支援立国」となることです。新たに「人道復興支援省」を創設し、難民の受け入れ、国内外の自然災害や紛争地の緊急支援、戦後補償、平和構築、紛争予防などを、人道主義に基づいて行うべき時が来ているのではないでしょうか。

日本国憲法の前文と第九条に書かれた文言はまさに「ヒューマニティ・ファースト」といえるものです。これを掲げて「人道支援立国」としてやり直す。今ならまだ間に合う。私は切にそう思います。

終章　イラク戦争を知らない世代の皆さんへ

本書を締めくくるにあたり、これまでの章で書ききれなかったことや、その後のこと、そして、人道支援に関心を持って、これから目指していこうと思う人たちへのメッセージをつづっておきたいと思います。

復興元年・二〇一三年から再び地獄へ

イラク戦争開戦から一〇年後の二〇一三年は、本当の意味で「復興元年」だと感じた年でした。かつての最激戦地、メディアもそうそう近寄れなかったファルージャやラマディの病院に長期滞在し、日本やアメリカからの医師を迎えての「外科ミッション」など、これまでできなかったことができました。さあ、これからだ、あれもやろう、これもやろう。それまで描けなかった未来が見えてきたような気がしていました。

ファルージャ総合病院では、急増していた新生児の先天性欠損症についての聞き取り調査も行いました。さまざまな兵器が使用された町中では、有害物質が土壌や水質、空気を汚染していました。明らかに高過ぎる割合の先天性欠損症。保育器の中で弱々しく息をする複合的かつ非常に重篤な症状の新生児たち。どんなにテクノロジーが発展しても「きれいな戦争」などなく、戦争の「負の遺産」はいつまでも人々を苦しめる。立ち会ってきた短い命たちが残していったメッセージをいま一度世界に伝えなければ……。そう改めて誓っていたのも、このころでした。

「次回の外科ミッションは春ごろにやりましょう」。ラマディの医師たちとそう約束してイラクを離れたのが二〇一三年一一月。まさかその翌月に地獄の扉が再び開くなんて考えてもいませんでした。

第1章でも述べたとおり、金曜デモはたびたび政府軍の武力鎮圧を受けていましたが、一二月二八日、イラク政府はとうとう攻撃ヘリを使って空爆を開始しました。私が拠点にしていたクルド自治区もアンバールからの避難民であふれかえり、再び緊急支援で慌ただしくなりました。

「ISIS」と名乗った過激派は、ファルージャを乗っ取り、ラマディなど西部アンバール県の大部分を支配下に置き、二〇一四年六月にはモスルで一方的に「IS建国宣言」を行いました。地獄の三年間の始まりでした。私の人生においても、最も苦しい時期の一つでした。

二〇一四年以降、ISの支配下に置かれていた町には手も足も出せず、人々の無事を祈るも、

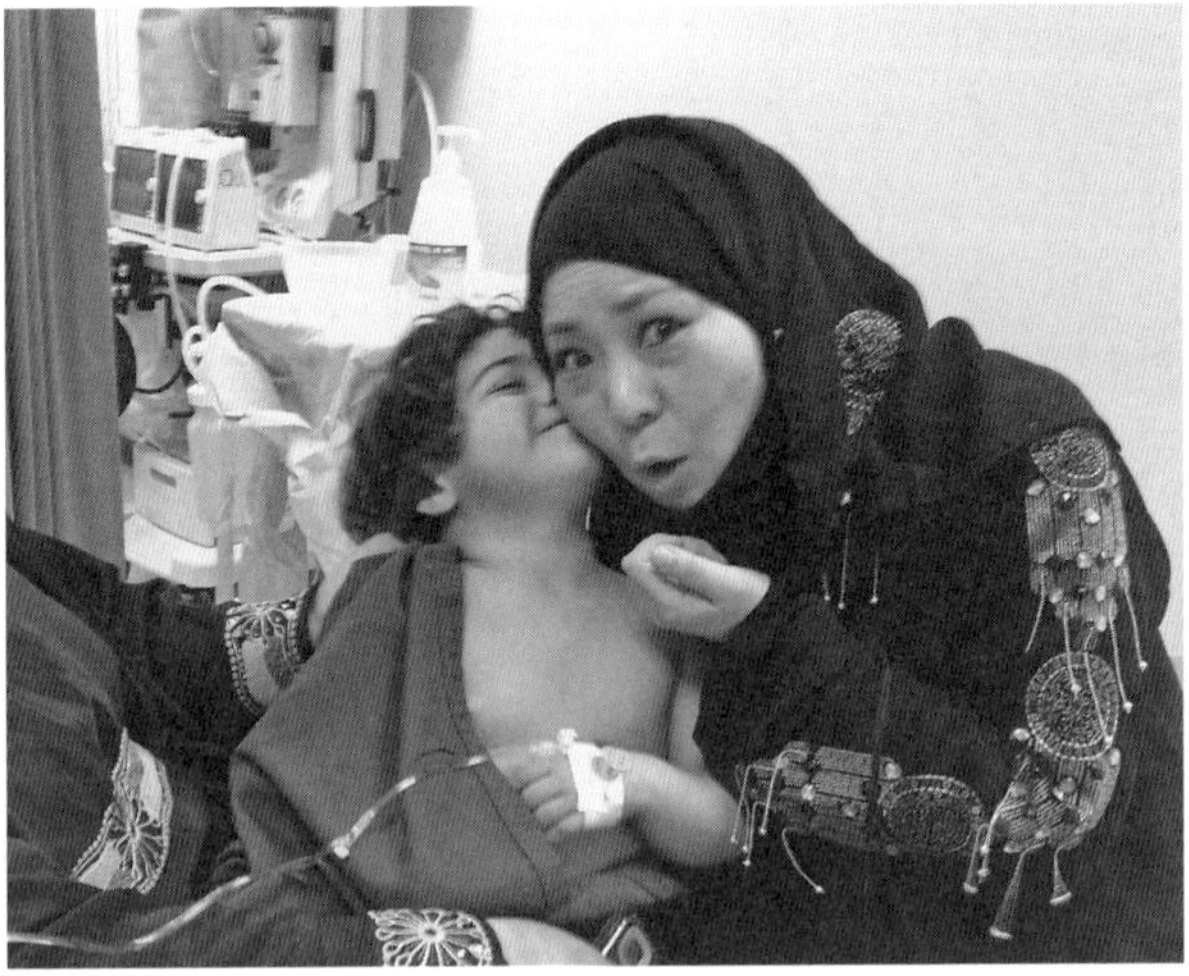

国際医療チームによる心臓ケアミッション．オペ前の女の子がキスをしてくれた（2013年）

伝えられる知人の訃報やおぞましい暴虐の数々に戦慄するばかりでした。

二〇一六年一〇月一六日から九カ月に及んだモスル奪還作戦中は、緊急支援を行う者にとっても極度の緊張を伴うものでした。解放されたばかりの町や村に水や食料などを運ぶのですが、崩壊した建物、弾痕だらけの壁や車両、武器や砲弾の山、そして路上には放置された遺体がありました。

イラクのアバディ首相（当時）が「モスル奪還宣言」を出した二〇一七年七月、私自身も安堵感、疲労感、そして一気に体の力が抜けていくような感覚を味わいました。その後も引き続きモスル市内まで水や食料を届ける緊急支援や、病院調査や医療品・医薬品を届けるなどの活動を行ってきました。しかし、いつまで経っても緊急支援を行わなければならないことが、前に進めない感覚と重なっていき、だんだんと徒労感が増していきました。あのころ、私はバーンアウト（燃え尽き症候群）していたのかもしれません。

心の傷と戦争トラウマ

二〇一四年以降、イラク全体の国内避難民（ＩＤＰｓ：Internally Displaced Persons）の数は、およそ三八〇万人にまで達しました。クルド自治区（ドホーク県、アルビル県、スレイマニヤ県）には国内難民が一七〇万人。そのうち七二万人以上がドホーク県で受け入れられました。中央政府からの経済制裁による公務員給料の大幅カットや公立病院への医薬品配給激減といった厳しい環境の中、これだけの国内避難民とシリア難民を受け入れているのは、すごいことです。現在は戦闘が終わ

IS から解放された直後の町の子どもたちと．左は支援に同行してくれた地元保健局のドクターたち（2016 年 11 月）

り、帰還が勧められていますが、建物やインフラの建設・整備が進んでいないことや、まだ安全を確信できない心情が強く、帰還はほとんど進んでいません。ドホークにもいまだ六五万人以上が残っています。そのほとんどが、ヤジディ教徒とモスル市民です。

ポストＩＳのイラクにおける復興の課題はたくさんあります。ＵＮＤＰやＵＮ‐ＨＡＢＩＴＡＴによる再建、援助団体によるインフラ整備などは少しずつ進み、目に見える復興は確かに人々の心の傷を癒しています。一方で、戦争トラウマを抱えた人々、とりわけ子どもたちの心のケアは支援が足りていません。

精神科医であるドホークの保健局長は、いつも避難民のＰＴＳＤのことなどを心配していました。ヤジディ教徒の女性たちの中には、性奴隷サバイバーもいます。いまだ三〇〇〇人以上が囚われたまま戻ってきていないといわれています。恐ろしい光景を目の当たりにした子どもたちもたくさんいます。家族を失い、何もかも奪われた人たちもいます。

ＩＳの恐怖支配下のトラウマに苦しむ人やうつ症状を訴える人はとても多くいます。対応できる専門家をなんとか増やさなければなりません。もちろん、欧米ＮＧＯのメンタルヘルスケアチームやカウンセラーも入ってはいますが、地元の専門家がまったく足りていないという問題があります。二〇一七年からドイツの大学の協力により、ドホーク大学で専門家の養成が本格的に始まりました。短期養成プログラムも行っているとのことです。

ＩＳがもたらした「負の遺産」

ＩＳの「負の遺産」で最も深刻な問題は、子どもたちのことです。ＩＳに性奴隷として囚われていた間に出産したヤジディ教徒の女性たちが、救出される際に泣く泣くシリアに我が子を置いてきたケースが多数ありました。ヤジディ・コミュニティは、女性たちの受け入れは認めましたが、ＩＳの父親を持つ子どもたちは除外するとしています。

また、欧米諸国からイラクやシリアにやってきたＩＳ元妻と、その子どもたちの問題もあります。母国への帰還を希望する女性もいますが、ほとんどの国が却下。その場合、イラクやシリアで裁判が行われますが、以前から人権侵害を指摘されてきたイラクの裁判では、弁護士や通訳も十分ではないまま数分で死刑判決が下されるといった事態も起きています。

一方、イラク国籍のＩＳ元妻たちは「テロ容疑」となれば裁判にかけられ、そうでなければ出身県のキャンプで更生プログラムを受けるとされていますが、ほとんど機能しておらず、母子ともども「ＩＳファミリー」というスティグマに苦しみ、帰還も困難となっています。

いずれの場合も父親は戦死かゆくえ不明が多く、母親が処刑か終身刑となれば、子どもたちは親戚か孤児院に引き取られます。しかし、生まれた時期と場所から「ＩＳチルドレン」を疑われ、酷い扱いを受けているとか、人身売買が横行しているなどの噂も聞きます。

ＩＳ掃討作戦では数百人の子ども兵たちが捕らえられ、少年更生施設に収監されています。そこで二人の元子ども兵に話を聞くことができました。まだ髭《ひげ》も生え揃っていない、とても小柄な少年たちでした。ＩＳに入った目的を聞くと、二人ともお金だと答えました。一人は、ＩＳに入るのは自分で決めたけれど、関係のない父や兄がイラク軍に捕まってしまったことがとても心配だと語りました。モスル近郊の山でのイラク軍との戦闘はとても激しく、今でも夢に見るのだそうです。ここを出たら何をしたいかを聞いてみると、「町の人に仕返しで殺されるから、ふるさとには帰らない」と二人は言いました。

ＩＳの暴虐は人々の心を今も苦しめています。誰もが次の「ＩＳなるもの」を恐れています。その一方で、人々の中に残る徹底的な「報復感情」が次の「ＩＳなるもの」を生み出してしまう可能性をはらんでいるともいえます。つまり、仮に元子ども兵たちの更生と再教育がうまくいったとしても、社会復帰が叶わずに孤立してしまえば、再び過激化する可能性があるのです。

実際、家族の一人がＩＳメンバーだったことで家族全員が村八分にされたり、町中に隠れ潜んでいたＩＳの残党（あるいは元戦闘員）が市民に撲殺されたりするケースもあちこちで起きています。キリスト教徒の町では、あからさまにイスラム教徒の出入りが制限されるようになりました。

これからイラクはどうなるのだろう。私がイラクでできることは、もうないのではないか。そんなふうに考え始めていました。

ドホークの若者たちの未来への熱い思い

ドホーク県保健局の職員たちは総動員で避難民支援に取り組んでいました。あるとき、避難民キャンプで「傾聴ボランティア」を行っていたクルド人の女性職員が私にこう言いました。

「軍事作戦は終わったけれど、いつまたＩＳのようなものが現れるかわからない。私たちが平和のために本気で行動しなければ。若い世代に地獄を引き継いではならない」

クルド人とは一〇年以上の付き合いになりますが、この女性職員の言葉は、これまで聞いたことのないものでした。いつもなら、「だからアラブ人は……」とか「だからアラブムスリムは……」となって、私はただ閉口するだけでした。

一緒に緊急支援などを行っていたＮＧＯのスタッフは、私をもっと驚かせました。

「この三年間は私たちホストコミュニティにとっても地獄だった。経済制裁にあえぎながら、七〇万人以上の難民と避難民を受け入れることは容易ではなかった。けれど、一つ良いものを手に入れたといえる。それはダイバーシティ（多様性）だ。これを真に認め合える共存社会をつくること、それがいま一番やりたいことだ」

ドホークの若者たちが熱い。この町で確かに変化が起きているのを感じます。大量の難民・避難民が流れてきたことで、国連や国際ＮＧＯがたくさん入り、地元の若者たちが現地スタッフとして雇われました。そこで、彼らが避難民の悲惨な状況を目の当たりにし、人権意識や国際感覚を学んだことの意義はとても大きかったのだと思います。

海外メディアの通訳やフィクサーとして活躍した地元の若者たちも、取材に同行することで今まで知る機会のなかったアラブ側の実情を見ることができたのかもしれません。援助団体のスタッフやジャーナリストたちとしばしばそんな話をすることもありました。ドホークの若者たちとの対話を重ねるたびに私は力をもらいました。今ならできるかもしれない。過去にあきらめた「心の再建プロジェクト」を、ここでなら、彼らとならできるかもしれない。そう思い始めていたのでした。

「平和細胞プロジェクト」のはじまり

それ以前の二〇〇四年、私はアンバールの若者たちと「再建プロジェクト」を行ったことがありました。日本で寄せられたカンパで、米軍に空爆された学校などの建物を再建しながら「報復の連鎖」を止めるべく「心の再建」を目指すというものでした。戦争中は商売がほとんどできなくなり、失業率が高くなります。したがって、何よりもまず雇用創出が大事です。

あるとき、一人の青年が「ここに来れば雇ってもらえると聞いてきた」と言ってプロジェクト・リーダーのところにやって来たことがありました。残念ながら、ちょうどその時は工事が終わったばかりで、次の工事の予定が立っていませんでした。青年は父親を失っていて、家族を養わなければならないと言っていたそうです。

数カ月後、その青年がアルカーイダのメンバーとして指名手配されていたのを知ることになりました。私は、あまりのショックで落ち込んでしまいました。アルカーイダなどの過激派は、グローバル・ネットワークを背景に資金力も、私たちのプロジェクトなどと比べ物にならないほど大きい。太刀打ちできるはずもありませんでした。

「私たちの対テロ（カウンター・テロリズム）」は失敗に終わりました。私は、もう二度とこうしたプロジェクトはやらないと決めました。その後も何度か、地元のNGOに誘われたこともありましたが、その類のプロジェクトは大組織がやるべきことだとずっと断り続けてきました。

IS から解放されたモスル市内の病院に，医療品，外科手術セット，停電対策のバッテリーなどを届ける（**2017** 年 **3** 月）

あれから一四年経った二〇一八年。私は、もう一度「報復の連鎖」を止めるべく、イラクで平和教育とエコロジー（環境保護）に特化したプロジェクトを始めることにしました。今回は日本でもプロジェクトメンバーを呼びかけたところ、教育関係者、図書館司書、アントレプレナー（起業家）、アパレルデザイナー、劇作家、俳優、難民支援ボランティアなどさまざまな分野の人たちが集まってくれました。心強いメンバーばかりです。読書キャンペーン、移動図書館、演劇ワークショップ、平和学習、エコロジー・キャンペーンなど、チームに分かれて計画が進められています。将来的には、ドホークの公立の学校のカリキュラムに「平和学習」や「演劇授業」を取り入れることを目標にしています。その「ドホーク・モデル」をさらに広げていくのが最終目標です。

プロジェクト名は「ピース・セル・プロジェクト」。「ピース・セル（Peace Cell）」は直訳すれば、「平和細胞」です。「平和憲法」という土壌で育った日本の私たちは「平和細胞」のかたまりです。「平和憲法」は海外に輸出できなくても、私たちの「平和細胞」はどこにでも拡散していけるというわけです。

ピース・セル・プロジェクトの最初の事業は、ドホークの主要メンバーの日本への招聘《しょうへい》でした。二〇一八年一一月、NGOから二名、西ドホーク教育委員長と少年更生施設所長が来日して小学校の演劇授業、図書の授業（読み聞かせと感想文）、高校での「持続可能な開発目標（SDGs）」についての授業、環境問題の授業に参加しました。また多摩少年院を視察し、広島と長崎の原爆資料館や長崎にある日本の加害の歴史を伝える「岡まさはる記念長崎平和資料館」などを見学しました。高校生による「平和教育とは何か」というプレゼンや、「報復の連鎖」についてのディスカッションへの参加など大変濃密な平和スタディ・ツアーを敢行しました。

今後、ドホークでは読書キャンペーンとして読書感想文コンテストを行い、優秀者は「ピース・セル大使」として広島での平和学習を受けられるようにしていきたいと計画しています。イラクの中でも「平和細胞」を、日本の中でもアクティブな「平和細胞」を増やしていきたいと思います。

「これは三〇年かかるね」とみんなと苦笑しながらも、ワクワクしています。イラク支援一六年目（二〇一九年）には、楽しいことをより多く報告できたらいいなと思っています。三〇年後、私は七九歳。今から楽しみです。

紛争地での人道支援家を目指す人へ

国際協力を目指す若者たちに「紛争地での仕事で一番大切なことはなんですか？」と聞かれることがあります。私の答えは三つ。英語（言語）、コミュニケーション力、そして最も大切なことは「ココ（と胸を指す）」だと答えます。

きっと、国際協力を目指す人は、激しく心を揺さぶられる出来事やきっかけがあって、理不尽な世界に傷つき、他人のために働きたい、世界を何とかしたいと奮い立つのだと思います。私はそれを「愛」と呼んでいます。

けれど、「愛」は傷つきます。「殺し」が横行する紛争地に長くいると、それは「怒り」や「憎しみ」「恐怖」に変わっていってしまうことがあります。「愛」をなくしたアクションは人を傷つけることがあります。自分自身の体験ももちろんですが、性奴隷や拷問など凄まじい体験の聴き取りを続けていると、二次受傷してしまうこともあります。つまり、自分も被害者と同じように不眠や悪夢、気分が激しく落ち込んだり、涙が止まらなくなるなどのＰＴＳＤ症状に襲われてしまうことがあるのです。紛争地の人道支援を継続していくために最も大切なことは、「愛」を保つための「自分の心のメンテナンス」です。

私の場合は、年に一回は完全に現場から離れて一日一〇時間の瞑想を一〇日間続けるリトリート(退却)期間を設けるようにしています。実際はなかなか時間が取れないので、二年に一回のペースになってしまっていますが、これが私に一番合うメンテナンス方法です。瞑想修行を始めて一八年。この方法を知っていたから生き延びることができたし、絶望が続いて立ち止まっても、歩き続ける意志を捨てずにいられたのだと思います。

これから紛争地での人道支援を目指す方には、ぜひ自分に最適なメンテナンス方法を見つけて心のケアをしていただきたいと思います。

「戦争の語り部」として

戦争の悲惨さやそれに苦しみ続ける人たちの支援を続け、それを伝えてきた一五年。私自身の戦争体験にも苦しみましたが、「戦争の実相を伝える」ことの苦痛にも時折くじけそうになりました。特に、人質事件後の五年間は連日、報告会を行っており、多い時は一カ月に三〇本以上、一日に三本などという日もあり、ほとんど家にも帰れないような状況でした。「ここはどこ?私は何をやってるんだっけ?」と自分のことがわからなくなることもありました。それでも毎日毎日、イラクの話——。

あの頃は、ファルージャの死者の魂と一緒に生きていたのだと思います。「生かされていた」と言ったほうが合っているのかもしれません。体は疲れきっていて、演台に立つ直前までぐったりしていて、嘔吐《おうと》することもありました。そんな状態で演台に立ち、最初に「皆様にはご迷惑をおかけしました」と言葉を絞り出して頭を下げる。頭を上げて、イラクで何が起きていたのかを話し始める。そこからはもう、死者たちがこぞって私の口を通して話したがっているような感覚でした。二時間近く一気に語り、舞台袖に下がると力が抜けてへたり込むこともありました。

二〇〇五年二月、ある方の紹介で「戦争の語り部」をされていた元日本軍兵士の本多立太郎《ほんだりゅうたろう》さんにお会いする機会がありました。私はそのとき、本当に疲れきっていて、「消えてしまいたい」という衝動に襲われたかと思うと、「私が死ねば死者は再び語る口を失う」という重い責任を感じて思い直すということを繰り返していました。本多さんはその時点ですでに三〇年近く戦争体験を語り続けていました。中国戦線で無抵抗の捕虜を殺してしまったことさえ語っていたのです。私は、殺されそうになったことはあったけど、人を殺してはいない。

「ずっと戦争を語っていて疲れませんか?」そう本多さんに問いかけました。

「そりゃ、疲れるよ。疲れるけどね、知ってしまった者は語らなければならないんだよ。あなたは三〇代で戦争を知ってしまった。だから語らなきゃいけない」

バカなことを聞いたと恥ずかしくなりました。言葉の重さがズシンと心の中に落ちてきました。

人質事件から五年後、ファルージャを再訪したとき、ずっと私のそばにいた死者の霊魂たちは、それぞれの場所に帰って行き、私はファルージャに置き去りにしたままだった自分自身を取り戻すことができました。それ以降、私は自分の言葉で報告会ができるようになったのでした。

あるとき、報告会を終えて控え室に戻ると、大学時代の友人が笑顔で入ってきました。

「やっと昔のタカトーに戻ったね!　毎年来てたけど、タカトーじゃない気がして声をかけられなかった。でも、今日は第一声でわかった。あ、戻ってきたなって」と彼女は喜んでくれました。

本多さんに出会ったあの頃、私には「戦争の語り部」だという自覚も覚悟もまったくありませんでした。逆に「いつまでイラク戦争の話をしなきゃいけないんだ」と抵抗感のほうが強かったと思います。

二〇一〇年、本多さんの訃報を聞きました。「イラク戦争を知らない世代」が増えてきて、私は「日本の現在地」を伝えるために、イラク戦争がどう始まったのかを説明しています。

最近よく本多さんのあの時の言葉を思い出します。やっと私の中に「戦争の語り部」としての覚悟ができたようです。私も一生「戦争の語り部」をやっていこうと考え、勝手に本多さんの思いを引き継ごうと思ったりもしています。現場に通いながらいつまで続けられるかわかりませんが、できるところまでやろうと思っています。

若い人たちに希望を託して

私は、日本の学校の授業に呼ばれ、若い人たちに自分の体験を話す機会があります。「イラク戦争を知らない世代」の若者たちは、私の授業で何を思うのでしょうか。

たとえば、高校の授業で「戦争が与える影響」について、破壊や殺戮のほか、米兵たちの心的トラウマについて話すと、五、六年前までは「かわいそうだと思った。日本に生まれてよかった」など、あくまでも「遠い国の出来事」として受け止めるのが普通でした。ところが最近は、生徒たちが駆け寄ってきて「自衛隊もそうなる可能性はあるのか?」と質問されたりします。特に地方では、有力な就職先の一つに自衛隊がありますので、彼らにとっては差し迫った自分自身の問題なのでしょう。

昨今の「難民」に関する報道も気になっているようですが、実際にそうした人たちと接する機会がほとんどないので、生活のために仕事を求めて移住してくる「経済移民」と勘違いしている生徒たちも多いようです。そこで、難民が生まれる背景として、深刻な人権侵害や迫害、戦闘の巻き添えについて実例を紹介すると、「難民になる理由を初めて知った」「「逃げる」ということがこんなにも過酷だとは思いもしなかった」といった感想がたくさん寄せられます。

また、「働き方」や「生き方」についての質問がとても増えました。私は、自分のことを「フリーランスのエイドワーカー（人道支援者）」と説明していますが、大学のキャリア教育では「人道支援業界のベンチャー」と紹介されることもあります。すると、「組織に属するのとフリーとでは何が違うのか？」「どういうきっかけでこの道に入ったのか？」など、医療系に限らず非医療系の学生からもたくさんの質問が出されます。最近は、若い「社会起業家」として活躍する人たちも増えてきましたし、今後はフリーランスという働き方もどんどん増えていくことでしょう。ただ、若い人たちのこの素晴らしい動きに、社会がついてきていないような気もしています。

今の私にとって、唯一の希望はこの「イラク戦争を知らない世代」です。彼らは無関心なんかじゃない。知る機会がないだけなんだ。打てば響くよ、この子たち！　世界を見渡して、悩み始めた若者たちを見ていると、三〇年後はきっと大丈夫と思えてくるのです。だから私も頑張ろう。私は、若い世代の未来のために「イラク戦争の語り部」をやっていこうと決めました。

高遠 菜穂子

フリーランスエイドワーカー．1970年，北海道生まれ．大学卒業後，会社員を経て地元で飲食店経営に携わる．2000年にインドの「マザーテレサの家」で，01年からタイ，カンボジアのエイズホスピスでボランティア活動に専念．03年5月からイラクでの活動を開始．主に病院や避難民への緊急支援，医療支援などを行う．04年4月にイラク・ファルージャで「自衛隊の撤退」を要求する現地武装勢力により拘束．解放後，日本国内で「自己責任」バッシングを受ける．現在もイラク人道・医療支援活動を継続中．「イホネット＝イラクホープネットワーク」呼びかけ人，「イラク戦争の検証を求めるネットワーク」呼びかけ人，「九条の会」世話人．著書に『破壊と希望のイラク』(金曜日)，『戦争と平和　それでもイラク人を嫌いになれない』(講談社)など．

命に国境はない
――紛争地イラクで考える戦争と平和　　岩波ブックレット 1002

2019年6月5日　第1刷発行

著　者　高遠菜穂子《たかとおなほこ》

発行者　岡本 厚

発行所　株式会社 岩波書店
〒101-8002 東京都千代田区一ツ橋 2-5-5
電話案内 03-5210-4000　営業部 03-5210-4111
https://www.iwanami.co.jp/booklet/

印刷・製本　法令印刷　　装丁　副田高行　　表紙イラスト　藤原ヒロコ

ISBN 978-4-00-271002-0　　Printed in Japan